# Likör-Rezepte

Inhalt

SPEZIAL



**Lassen Sie sich überraschen von der großen Palette an Aromastoffen. In Maßen genossen haben Liköre eine wohltuende Wirkung.**

# Ein Gläschen in Ehren …

Ein Gläschen mit einem feinen Likör kann zu vielen Gelegenheiten ein passender Begleiter sein. Was gibt es dabei Schöneres für einen Gastgeber, als seine Gäste mit einer besonderen Rarität zu überraschen?
Das gelingt Ihnen auf jeden Fall, wenn Sie einen Likör aus Eigenproduktion kredenzen können. Ein verführerischer Genuss, der Ihre persönliche Handschrift trägt und deshalb unverwechselbar ist …
Die edle „Hausmarke“ werden Ihre Gäste noch weit mehr zu schätzen wissen als jedes noch so bekannte (und womöglich sündhaft teure) Erzeugnis aus kommerzieller Herstellung.

Dann wird Ihnen das Gläschen in Ehren garantiert niemand verwehren – nicht einmal der Arzt. Mittlerweile sind nämlich die positiven Wirkungen von moderatem Alkoholgenuss auf den menschlichen Organismus durch zahlreiche wissenschaftliche Studien belegt. Einer der Gründe, warum Liköre – vor allem aus eigener Herstellung und natürlich nur mit den besten Zutaten – heute eine Renaissance erleben.

Liqueur

# Süß und verführerisch

# Was ist Likör?

Wer hat nicht selbst schon einmal in jungen Jahren zu besonderen Anlässen an Klassikern wie Eierlikör oder Kirschlikör nippen dürfen? Oder ganz heimlich, als niemand guckte, davon genascht?
Süß, aromatisch und verführerisch, dazu der Reiz des Verbotenen – wenn das keine unwiderstehliche Mischung ist ...!

Was versteht man aber ganz nüchtern gesehen unter der Bezeichnung Likör? Im Lexikon findet man z. B. die folgende Definition: „Branntwein mit Zuckerlösung und aromatischen Stoffen wie Frucht- oder Pflanzenauszügen". Noch immer nicht alles klar? Dringen wir also tiefer in die Geheimnisse dieses „geistigen" Getränks und seiner Herstellung ein.

SMART

**Schon gewusst?**

› **Der Alkoholgehalt** von Likören liegt in der Regel bei ungefähr 25 %vol. Bei der Eigenherstellung muss man diese und andere Vorgaben aber nicht so eng sehen. Entsprechend sind die Rezepte in diesem Buch ausschließlich für den privaten und nicht-kommerziellen Gebrauch gedacht. Wer dagegen Liköre für den Verkauf produzieren will, unterliegt strengen gesetzlichen Bestimmungen hinsichtlich Alkohol- und Extraktgehalt, Inhaltsstoffen und vielem mehr.

## Ursprünge in der Medizin

Die Geschichte alkoholhaltiger Getränke, und hier speziell des Weines, lässt sich über 3000 Jahre und mehr zurückverfolgen und gesichert belegen. Im Vergleich dazu hat die Likörherstellung noch eine sehr junge Tradition: Sie geht „nur" bis ins 13. Jahrhundert n. Chr. zurück und hat ihren Ursprung in der Medizin. Erstmals versuchten zu jener Zeit in Italien Ärzte ihren hoch gestellten Patienten die alkoholhaltigen Arzneien durch Zugabe von Früchten, Säften und Honig im wahrsten Sinne des Wortes zu versüßen. Diese schnell nachgeahmte Idee soll Arnoldus de Villa Nova gehabt haben, der unter anderem Leibarzt verschiedener Päpste war. Auch das Wort „Likör" kommt ursprünglich aus dem Italienischen. „Liquore" heißt wörtlich übersetzt „Flüssigkeit". Nach Frankreich wurde die Kunst der Likörherstellung 1533 durch Katharina von Medici gebracht. Bei ihrem

*Titelblatt* des Weintraktats von Arnoldus de Villa Nova von 1530

Umzug ins französische Königreich hatte die spätere Frau Heinrichs II. auch einige erfahrene „Likörmacher" in ihrem Gefolge. Von den Franzosen wurde die Likörherstellung schließlich perfektioniert und weiter verbreitet. Sie gelten darin noch heute als Meister ihres Fachs.

## Ein Getränk für viele Fälle

Ab dem späten 18. Jahrhundert wurde das Trinken von Likör durch das Entstehen von Rübenzuckerfabriken auch zum bürgerlichen Vergnügen. Schnell wusste auch das „gemeine Volk" den Likör als köstliches Getränk für viele Fälle zu schätzen.
Ein Schlückchen Likör schmeckt hervorragend als Aperitif, besonders wenn man ihn mit Schaumwein aufgießt. Die klassische Kombination ist Cassislikör (von schwarzen Johannisbeeren) mit Champagner, der Kir Royal. Doch auch andere Kombinationen, beispielsweise mit Holunderlikör, versprechen prickelndes Vergnügen. Ein guter Likör kann auch das i-Tüpfelchen nach einem schönen Essen sein, einen romantischen Abend noch etwas mehr versüßen oder nach einem harten Tag die Entspannung fördern. Geradezu unentbehrlich sind Liköre als Aromaspender in Desserts oder beim Backen.

*Ein Gläschen Likör schmeckt immer – besonders zu feinem Gebäck.*

# Die Sache mit dem Alkohol

## Berechnung des Alkoholgehalts

Es soll 1 Liter Fruchtsaftlikör mit 40 % Fruchtsaft, 20 % Zuckerlösung und 30 %vol Alkohol hergestellt werden. Als Alkoholträger sollen ein Trinkbranntwein mit 40 %vol und Sprit mit 90 %vol eingesetzt werden.

Zunächst wird die benötigte Alkoholmenge berechnet. 400 ml Fruchtsaft und 200 ml Zuckerlösung lassen für die Alkoholträger ein freies Volumen von 400 ml. Ein Likör mit 30 %vol enthält pro Liter 300 ml reinen Alkohol. Unsere beiden Alkoholträger müssen folglich in Mischung 75-%ig (300 x 100 : 400 = 75) sein.

Die Formel lautet nun: A : B = (b – c) : (c – a)

A = niedrigprozentiger Alkoholträger
B = hochprozentiger Alkoholträger
a = gegebener Alkoholwert für A (40 %vol)
b = gegebener Alkoholwert für B (90 %vol)
c = erforderlicher Alkoholwert in Mischung (75 %vol)

Gemäß unserer Formel:
A : B = (90 – 75) : (75 – 40) = 15 : 35 = 3 : 7

Verhältnis der Alkoholträger:
3 Teile Trinkbranntwein = 120 ml
7 Teile Sprit = 280 ml

Sie sehen: Die Alkoholberechnung ist eine komplizierte Angelegenheit, die selbst angehenden Profis bei ihrer Ausbildung oft einiges Kopfzerbrechen bereitet. Für die häusliche Likörbereitung genügt es in der Regel, wenn Sie sich auch bei eigenen Kreationen an den Alkoholmengen ähnlicher Rezepte in diesem Buch orientieren.

Für die Herstellung von Likör benötigt man neben anderen Zutaten vor allem Alkohol in verschiedenen Formen – und zwar vom völlig geschmacksneutralen hochprozentigen Sprit bis zu diversen Trinkbranntweinen. Die entscheidende Frage ist, ob man durch den zugesetzten Alkohol direkten Einfluss auf Aroma und Geschmack des Likörs nehmen will.

## Richtig bereiteter Likör reift gut

Grundsätzlich werden durch den Alkohol die Aroma- und Geschmacksstoffe (hauptsächlich ätherische Öle) sowie die Farbe aus den verwendeten Früchten herausgelöst (extrahiert). Der Alkohol bindet das Aroma der Frucht für viele Jahre und hat konservierende Wirkung. Wie hochwertiger Wein wird auch fachkundig hergestellter Likör durch die Lagerung besser und kann einige Zeit halten. Allerdings sollte der Alkoholgehalt mindestens 22 %vol betragen. Die Haltbarkeit ist stark von der Art des Likörs abhängig.

*Schnäpse geben dem Likör ein bestimmtes Aroma.*

## Sprit und/oder Trinkbranntweine

Die genannten Wirkungen entfaltet der Alkohol umso stärker je hochprozentiger er ist. Deshalb greift man bei der Likörherstellung hauptsächlich zum so genannten „Sprit" (auch „Weingeist" genannt) mit einem Alkoholgehalt zwischen 90 und 96 %vol. Er ist in Drogerien und Apotheken erhältlich und darf an private Verbraucher nur bis zu einer Höchstmenge von 0,5 bis 1 Liter (je nach Konzentration) abgegeben werden. Wer größere Mengen benötigt, muss also rechtzeitig auf Vorrat kaufen oder sich bei verschiedenen Quellen eindecken.

Hochprozentiger Sprit ist gänzlich geruchs- und geschmacksneutral; das jeweilige Fruchtaroma bleibt also in seiner reinsten Form erhalten. Weiterer Vorteil: Man benötigt weniger Menge und es bleibt mehr Raum für weitere Zutaten und Variationen.

Unter dem Gesichtspunkt eines möglichst unverfälschten Fruchtaromas ist für die Likörbereitung von den Trinkbranntweinen Wodka (der neutralste „Klare") besonders gut geeignet. Vielfach setzt man aber auch andere Trinkbranntwein-Sorten gezielt ein, um das natürliche Fruchtaroma noch zu verstärken oder es um eine zusätzliche Komponente zu bereichern.

An erster Stelle sind hier die drei Arten der Obstbranntweine – Obstwasser, Obstgeist und Kernobstbranntwein (Obstler) – zu nennen. Auch guter Weinbrand, Calvados (Branntwein aus einer besonderen Apfelsorte), Whisky (ein Getreidebranntwein) oder Rum (harmoniert besonders mit Kirsche und Schlehe) können das Aroma eines Likörs positiv beeinflussen.

Lassen Sie einfach Ihre Fantasie spielen. ●

# Weitere Grundzutaten

Neben Alkohol benötigt man für die Likörherstellung noch andere wichtige Grundbestandteile von möglichst hoher Qualität: Wasser zum „Strecken“, Zucker für die Süße, Früchte oder Kräuter für das Aroma.

## Leitungswasser erfüllt seinen Zweck

Je „weicher“ das verwendete Wasser – das heißt je geringer der Gehalt an Kalzium- und Magnesiumsalzen – ist, desto besser. Extrem „hartes“ (kalkhaltiges) und mit Chlor versetztes Wasser sowie solches mit einem erhöhten Eisenanteil sollte mit einem kleinen Aufbereitungsgerät für den Haushalt (im Fachhandel erhältlich) „gereinigt“ werden.
Allerdings müssen Sie bei der häuslichen Likörherstellung keine so hohen Ansprüche an die Qualität des verwendeten Wassers stellen wie bei der gewerblichen.
In der Regel können Sie normales Leitungswasser, wie es von den Wasserwerken geliefert wird, bedenkenlos und ohne Qualitätseinbußen für Ihren Likör verwenden.

## Zucker „versüßt“ Likörbereitung

Zucker ist bei der Likörbereitung sozusagen das „Salz in der Suppe“. Er sorgt für die nötige Süße und macht den Likör etwas dickflüssiger; zugleich konserviert und „veredelt“ er das Aroma der Früchte. Allerdings nur, wenn man auf die richtige Dosis achtet: Greift man dagegen zu tief in die Zuckerdose, wird die übertriebene Süße zum „Aromenkiller“.
Sie können ganz gewöhnlichen Haushaltszucker (Raffinade) verwenden. Dieser hat heute einen so hohen Reinheitsgrad, dass man auf weißen Kandiszucker verzichten kann. Ungeeignet ist dagegen brauner Rohrzucker; er hat einen unerwünschten Beigeschmack

**Verwenden Sie** *für die Likörzubereitung möglichst weiches Wasser.*

und kann im Likör unschöne Trübungen verursachen.
Für die Likörherstellung am besten bewährt hat sich eine Standard-Zuckerlösung (siehe Text im Kasten). Bitte beachten Sie jedoch: Je mehr Trinkbranntweine man als Alkohol einsetzt, desto weniger Raum bleibt für Wasser. Der nötige Zucker muss dann im Fruchtsaft gelöst werden, was um einiges mühsamer sein kann.
Egal wie Sie mit dem Zucker umgehen, die Dickflüssigkeit industriell hergestellter Liköre werden Sie nie ganz erreichen – außer sie „überzuckern".

Verschiedene „Aromastoffe" für den Likör

## Früchte/Kräuter für das Aroma

Geruch, Geschmack und Farbe liefern in Likören verschiedene Früchte oder Kräuter mit ihren vielfältigen Aroma- und Farbstoffen. Legen Sie gerade bei diesen Zutaten kompromisslos höchste Qualitätsmaßstäbe an – Sie werden im fertigen Likör den Unterschied riechen und schmecken.
Näher beschrieben ist die Likörbereitung mit Früchten und Kräutern auf den folgenden Seiten.

SMART

### Rezept für Zuckersirup

- **Rühren Sie** in 2 l kochend heißes Wasser 5 kg Zucker ein und lassen Sie das Gemisch aufkochen. Den Schaum abschöpfen und die Flüssigkeit abkühlen lassen – und fertig ist eine Lösung mit 1 kg Zucker je Liter.
- **Wollen Sie** die Zuckerlösung nicht oder nur teilweise sofort verarbeiten, sollten Sie diese stabilisieren. Geben Sie dazu noch vor dem Zucker etwa 4 g Zitronensäure oder einen Schuss Zitronensaft in das kochende Wasser.

# Darf's etwas mit Frucht sein ...?

**Fast alle Garten- und Wildfrüchte sind für die Likörherstellung geeignet; die Auswahl bleibt in erster Linie eine Frage des persönlichen Geschmacks.**

*Nehmen Sie nur frische einwandfreie und reife Früchte.*

## Nur beste Qualität ist gut genug

Je mehr Fruchtsäure sowie Aroma- und Farbstoffe die Früchte besitzen, desto besser machen sie sich bei der Likörbereitung. Besonders gute Ergebnisse erzielen Sie deshalb mit Brombeeren, Heidelbeeren, Johannisbeeren (besser schwarze als rote), Holunderbeeren, Himbeeren, dunklen Sauerkirschen, Schlehen, Aprikosen (Marillen), Pflaumen, Pfirsichen, Quitten, aromatischen Äpfeln, Birnen und Hagebutten.
Egal für welche Frucht Sie sich letztlich entscheiden, einen Grundsatz sollten Sie immer beherzigen: Die qualitativ besten Früchte sind gerade gut genug. Stellen Sie bei der Likörherstellung höchste Ansprüche in Bezug auf Gesundheit, Sauberkeit und optimalen Reifegrad der Früchte – das zahlt sich in „Genussgraden" aus.

## Saisonkalender der Früchte

Ihre Zeitplanung für die Likörbereitung richtet sich danach, wann die Früchte, die Sie verarbeiten wollen, in ausreichender Menge und möglichst hoher Qualität zur Verfügung stehen. Der folgende Saisonkalender soll Ihnen einen Überblick geben, in welchen Monaten die verschiedenen Früchte

SMART Tipp

› **Kaufen Sie** die Früchte dann auf dem Markt oder im Bioladen, wenn sie gerade Saison haben (siehe Saisonkalender rechte Seite). Zur Haupterntezeit sind die Früchte am billigsten, da dann die Angebotsmenge größer ist.

## Welche Früchte haben wann Saison?

| | Jan. | Feb. | März | April | Mai | Juni | Juli | Aug. | Sept. | Okt. | Nov. | Dez. |
|---|---|---|---|---|---|---|---|---|---|---|---|---|
| Apfel | | | | | | | | x | x | x | | |
| Ananas | | | | | | | | | | | x | x |
| Aprikose | | | | | | | x | x | | | | |
| Birne | | | | | | | | x | x | x | | |
| Brombeere | | | | | | | | x | x | | | |
| Erdbeere | | | | | | x | x | | | | | |
| Feige | | | | | | | | | x | x | | |
| Hagebutte | | | | | | | | | x | x | x | |
| Heidelbeere | | | | | | | x | x | x | | | |
| Himbeere | | | | | | | x | x | | | | |
| Holunder | | | | | | | | x | x | | | |
| Johannisbeere | | | | | | x | x | x | | | | |
| Kirsche | | | | | x | x | x | | | | | |
| Orange | x | x | | | | | | | | | x | x |
| Pflaume | | | | | | | | x | x | | | |
| Pfirsich | | | | | | x | x | x | x | | | |
| Preiselbeere | | | | | | | x | x | | | | |
| Quitte | | | | | | | | | x | | | |
| Schlehdorn | | | | | | | | | | x | x | |
| Stachelbeere | | | | | | x | x | x | | | | |
| Vogelbeere | | | | | | | | | x | x | x | |
| Weichsel | | | | | x | x | x | | | | | |
| Zitrone | x | x | | | | | | | | x | x | x |
| Zwetschge | | | | | | | | x | x | x | | |

das richtige Reifestadium erreichen, geerntet werden, am besten schmecken und am günstigsten sind. Leichte Verschiebungen können sich natürlich durch den jeweiligen Verlauf der Vegetationsperiode oder auch durch die Herkunftsregion der Früchte ergeben.

## Vorbereitung der Früchte

Auch für die häusliche Eigenproduktion in vergleichsweise kleinen Mengen gibt es verschiedene Verfahren. Sie können Liköre aus Fruchtsäften herstellen, die Früchte mit hochprozentigem Alkohol „ansetzen“ oder sich der Gärmethode (wie beim Wein) bedienen. Auch eine Kombination ist möglich. Bevor die Weiterverarbeitung beginnt, müssen die Früchte aber in jedem Fall gewaschen, entstielt und verlesen werden.

Noch unreife oder angefaulte Früchte sollten Sie unbedingt aussortieren; dagegen müssen Früchte, bei denen bereits die Gärung begonnen hat, nicht ausgemustert werden. Bei Steinobst dürfen höchstens 20 Prozent der Kerne (aufgrund ihres Gehalts an hoch giftiger Blausäure) mit verwendet werden.

SMART

**Schon gewusst?**

- **Pektin kann** einem die Freude an der Likörbereitung im wahrsten Sinne des Wortes „trüben". Es lässt den Fruchtsaft gelieren, fällt dabei aus und verursacht Trübungen, die sich auch durch Filtrieren nicht beseitigen lassen.
- **Während das Pektin** bei den anderen Methoden zur Likörherstellung in der Regel so weit „zerlegt" wird, dass keine besonderen Gegenmaßnahmen ergriffen werden müssen, kann es bei der Verwendung von Fruchtsaft die Optik des Endprodukts beeinträchtigen. Deshalb muss der Saft notfalls mit einem Antigeliermittel (Enzympräparat), das in Apotheken, bei Spezialversendern und im Fachhandel für Kellereibedarf erhältlich ist, geklärt werden.

## Liköre aus Fruchtsäften

Vielfach werden zur Likörherstellung zu Hause Fruchtsäfte verwendet. Insbesondere passionierte „Obstverwerter", die ohnehin mit den erforderlichen Geräten zur Saftgewinnung eingerichtet sind, stellen dabei ihre Säfte selbst her. In ländlichen Gegenden kann man Früchte aus eigener Erzeugung auch bei den Obst- und Gartenbauvereinen gegen eine geringe Gebühr zu Saft verarbeiten lassen.
Wer über solche Möglichkeiten nicht verfügt, muss seine Karriere als Likörproduzent trotzdem nicht gleich wieder aufgeben. Sie können die Früchte auch im Küchenmixer oder alternativ mit dem

*Aus Fruchtsäften lassen sich sehr schnell Liköre herstellen.*

Fleischwolf zerkleinern und den Brei in ein Seihtuch füllen, das zwischen den vier Beinen eines umgelegten Hockers aufgehängt wird. Der Saft läuft nun zum großen Teil von alleine in eine Schüssel ab, die man darunter stellt; mit den Händen presst man dann noch den Rest aus.
Es empfiehlt sich, den Fruchtsaft noch am gleichen Tag zu Likör weiterzuverarbeiten. Andernfalls müsste er eigens haltbar gemacht werden, beispielsweise durch die Zugabe von höherprozentigem Alkohol, der dann aber später bei der Likörbereitung mit einberechnet werden muss.
Ebenso eignet sich durch Dampfentsaften gewonnener Fruchtsaft. Dieses Verfahren hat sogar noch einen großen Vorteil, weil dabei das unerwünschte Pektin – im Gegensatz zur „normalen“ Saftgewinnung durch Pressen – weitgehend zerstört wird.
Bei der Weiterverarbeitung zum Likör gehen Sie wie folgt vor: Rühren Sie die erforderliche Menge der Standard-Zuckerlösung (nach dem Rezept auf Seite 13) unter den Fruchtsaft, geben Sie die Alkoholträger zu und vermischen Sie alles gut miteinander. Dann kommt der angehende Likör für einige Tage in ein größeres Mischgefäß (z. B. eine Weinflasche, ein großes Gurkenglas, einen kleinen Ballon), das man gut verschließen kann. Sobald sich die Trubstoffe abgesetzt haben, wird der Likör filtriert und auf kleinere Flaschen abgefüllt.
Es empfiehlt sich, Fruchtsäfte und Fruchtextrakte während der Saison auf Vorrat herzustellen und haltbar zu machen. Dann steht Ihnen stets das „Basismaterial“ für die Zubereitung eines leckeren Likörs zur Verfügung.

**Für Apfellikör** *benötigt man nur wenige Zutaten.*

**SMART Tipp**

› **Auch wenn die** Versuchung groß ist: Trinken Sie den Likör (unabhängig vom Herstellungsverfahren) nach der Abfüllung noch nicht sofort. Lassen Sie ihn danach noch mindestens drei oder noch besser bis zu sechs Monate auf der Flasche reifen. Der Likör rundet sich in dieser Zeit ab und kann dann erst sein ganzes Aroma entfalten.

## Traditionelles Ansetzen

Das traditionelle „Ansetzen“ ist wohl die am meisten verbreitete Methode bei der häuslichen Likörherstellung. Sie ist relativ einfach und hat zudem einen sehr hohen Wirkungsgrad. In der Praxis bewährt hat sich auch eine Kombination aus der Saftgewinnung durch Pressen und dem Ansetzen.
Dabei werden die Aroma- (hauptsächlich ätherische Öle) und die Farbstoffe, die sich großenteils in den Schalen bzw. Beerenhäuten befinden, durch hochprozentigen Alkohol aufgeweicht (mazeriert) und herausgelöst (extrahiert). Der Fachausdruck für dieses Verfahren ist deshalb Mazeration bzw. Extraktion. Angesetzte Liköre sind reinen Fruchtsaftlikören in der Qualität überlegen.
Bei der häuslichen Likörherstellung werden meist die zerkleinerten, aber nicht entsafteten Früchte angesetzt. Die Verwendung der ganzen, nur leicht gequetschten oder angestochenen Früchte empfiehlt sich bei Obst mit einem besonders zarten oder empfindlichen Aroma (z. B. bei Erdbeeren, Himbeeren, Aprikosen, Pfirsichen) sowie bei wasserarmen und deshalb schlecht zu pressenden Früchten (z. B. Hagebutten und Schlehen).
Bereiten Sie Fruchtsäfte und -extrakte für die Likörbereitung während der Saison der Früchte auf Vorrat zu. Dann steht auch in den Wintermonaten „Rohstoff“ für einen guten Tropfen zur Verfügung.

*Für den Ansatz sind Bio-Früchte ideal.*

## Richtiger Alkoholgehalt des Ansatzes

Der Ansatz sollte insgesamt 45 bis 50 %vol Alkohol haben, damit sich die Aroma- und Farbstoffe gut „ausziehen" lassen. Vor allem bei Früchten mit hohem Wassergehalt ist man deshalb auf Sprit mit 90 bis 96 %vol angewiesen, damit die „Rechnung" am Ende aufgeht. Wo nur niedrigprozentiger Alkohol zur Verfügung steht, hat sich in der Praxis bei sehr saftigen Früchten eine Kombination aus Saftgewinnung durch Pressen und Ansetzen bewährt.

Die Früchte bzw. der Fruchtbrei werden mit dem Auszugsalkohol in einer großen Flasche, einem voluminösen Einmachglas oder einem Ballon übergossen, bis sie ganz bedeckt sind. In dem geschlossenen Behälter lässt man sie zwei bis drei Wochen an einem hellen und nicht zu warmen Ort ziehen. Danach gibt man den Ansatz auf ein Seihtuch oder einen Papierfilter und lässt den Saft ablaufen. Anschließend schüttet man noch etwas Wasser darüber und drückt den restlichen Saft bzw. Alkohol aus.

***Selbst gemachter** Johannisbeerlikör frisch angesetzt (links) und nach 60 Tagen (rechts)*

Damit ist der Extrakt fertig und Sie können Ihr Werk mit dem Zusatz der weiteren Zutaten (Wasser, Zucker bzw. Zuckerlösungen, weiterer Alkohol, Aromastoffe) endgültig vollenden und auf Flaschen füllen.

## Vergärung der Früchte

Bei einer weiteren, kaum praktizierten Möglichkeit, Likör herzustellen, werden die Früchte wie bei der Weinerzeugung vergoren; dabei wird der in den Früchten enthaltene Zucker in Alkohol umgewandelt, als Nebenprodukt entsteht Kohlendioxid. Für echte Freunde eines feinen Likörs, die besonders das reine, allenfalls durch passende Zutaten harmonisch ergänzte Fruchtaroma schätzen, kommt diese Methode aber nicht in Frage. Denn durch die Gärung tritt das Fruchtaroma des Likörs etwas in den Hintergrund und das Bukett verändert sich in Richtung Wein.

# Mit Kräutern: fein und gesund

**Nicht nur aus Früchten lassen sich leckere Liköre herstellen, eine sehr lange Tradition und einen zusätzlichen gesundheitlichen Aspekt hat auch die Likörbereitung mit Kräutern. Seit Jahrhunderten werden Kräuterliköre vor allem wegen ihrer magenstärkenden, verdauungsfördernden und anderen wohltuenden Wirkungen geschätzt.**

*Kräuterliköre entfalten die wohltuende Wirkung der verwendeten Blüten und Kräuter.*

## Heilwirkung der Kräuterelixiere

Ihren Ursprung haben auch die Kräuterliköre in der Medizin. Viele Kräuterelixiere entstanden im Mittelalter (16./17. Jahrhundert) in der Absicht, eine Heilwirkung zu erzielen. Ihre Herstellung war damals eine große Domäne der Klöster und noch heute sind die Namen einiger dieser Liköre berühmt. Die Rezepturen, nach denen sie hergestellt werden und die ihre Beliebtheit über so lange Zeit garantiert haben, sind dabei meist ein streng gehütetes Geheimnis.

## Berühmte Klosterliköre

Der bekannte und beliebte Bénédictine wurde um 1510 von einem Mönch des Klosters Fécamp in der Normandie „erfunden". Die alte

Rezeptur ging zwar bei der Zerstörung des Klosters zur Zeit der französischen Revolution verloren, wurde aber 1863 von einem französischen Kaufmann wiederentdeckt und verfeinert. Der kräftige, aromatisch-süße Kräuterlikör mit einem Alkoholgehalt von 40 %vol wird aus insgesamt fünf Kräuter- und Gewürzmischungen nach einem speziellen Verfahren unter Zugabe von Zucker und Honig hergestellt.

Ebenfalls aus Frankreich stammt der Chartreuse, der bis zum heutigen Tag von den Mönchen im Kartäuserkloster Voiron (nahe Grenoble) produziert wird. Die Rezeptur von 1605, das genaue Herstellungsverfahren und der Grund für seine typische grüne Farbe sind noch heute ein Geheimnis, das trotz modernster Labortechnik nicht gelüftet werden konnte. Nur ein ausgewählter Kreis von Kartäusermönchen kennt die genaue Rezeptur, die unter anderem 130 Pflanzen und Kräuter enthalten soll.

Aus deutschen Landen ist der Ettaler Klosterlikör besonders bekannt; ein aus 40 Kräutern bestehendes Naturprodukt, dessen wohltuende Wirkung besonders geschätzt wird. Alte Rechnungen belegen, dass die Mönche der Abtei den Likör neben dem Bier bereits um 1600 hergestellt haben.

Kreuterbuch/
Künstliche Conterfeytunge
der Bäume/ Stauden/ Hecken/ Kräuter/ Getreyd/ Gewürtze/ etc. Mit eigentlicher Beschreibung/ derselben Nahmen/ in sechserley Sprachen/ nemlich Teutsch/ Griechisch/ Lateinisch/ Frantzösisch/ Italiänisch und Hispanisch/ und derselben Gestalt/ natürlicher Krafft und Wirckung. Sampt vorher gesetztem und gantz außführlich beschriebenem Bericht der schönen und nützlichen Kunst zu Destillieren/ wie auch Bauung der Gärten und Pflantzung der Bäume.
Item von den führnehmsten Thieren der Erden/ Vögeln/ Fischen und Gewürm. Deßgleichen von Metallen/ Ertze/ Edelgesteinen/ Gummi und gestandenen Säfften.
Bißhero von dem Edlen/ Ehrnvesten und Hochgelährten
Herrn ADAMO LONICERO,
der Artzney Doctorn und weyland Ordinario Primario Physico zu Franckfurt/ zum öfftermal in offenen Druck verfertiget worden/
Nunmehr aber durch
PETRUM UFFENBACHIUM, Med. D. und Ordinarium Physicum in Franckfurt/ auf das allerfleissigste übersehen/ Corrigirt und verbessert/ an vielen Orten augirt und vermehrt/ und in acht sonderbahre Theil unterscheiden Sampt dreyen unterschiedlichen vollkommenen nützlichen Registern/ alles seines Innhalts hierzu dienlich
ULM/
Druckts und Verlegts Matthäus Wagner/ Im Jahr 1679.

*Das Titelblatt eines beliebten Kräuterbuches aus dem 17. Jahrhundert*

SMART

**Schon gewusst?**

› **Wenn nach** einem opulenten Mahl das Essen schwer im Magen liegt, sind Kräuterliköre eine gute Verdauungshilfe – und die „Muntermacher“ für den Verdauungsapparat schmecken dazu noch so köstlich, dass man sie auch bei anderen Gelegenheiten gerne und mit Genuss trinkt.

## Große Vielfalt an Kräutern

Im Prinzip eignen sich alle gängigen Kräuter, und hier die oberirdischen und teilweise auch die unterirdischen Pflanzenteile, für die häusliche Likörbereitung. Sie sind nicht nur die Lieferanten von Geschmack, Geruch und Farbe zahlreicher Liköre, sondern bringen als willkommene „Zugabe“ auch noch viele medizinische Wirkstoffe mit. Damit sind Kräuterliköre – und das seit Jahrhunderten – gleichsam Genuss- und Heilmittel. Sie werden nur ganz selten aus einem einzigen Kraut hergestellt (eine von wenigen Ausnahmen ist der Pfefferminzlikör) und sind in der Regel – je nach Verfügbarkeit – eine Komposition aus verschiedenen Kräutern; in manchen alten Rezepturen bis zu 100 oder mehr (siehe Klosterliköre, Seite 18/19). Einige für die Likörbereitung geeignete und gängige Kräuter bzw. Würzpflanzen sowie deren Wirkung sind in der Tabelle auf Seite 64/65 beschrieben.

*Kümmel wirkt sich positiv auf die Verdauung aus.*

## Herstellung eines Auszugs

Gewerbliche Erzeuger können sich bei der Herstellung von Kräuterlikören der Destillation bedienen. Dieses aufwändige Verfahren ist jedoch nur mit einer kostspieligen technischen Ausrüstung und professionellem Fachwissen durchführbar. Dem privaten Likörproduzenten steht daher als einziges Verfahren die Mazeration zur Verfügung – also die Bereitung eines aromatischen Auszugs aus den Kräutern, bei dem die Inhaltsstoffe durch die Lösungsmittel Alkohol und Wasser „ausgezogen“ werden. Bei fachgerechter Durchführung lassen sich aber auch damit gute Ergebnisse erzielen.
Die erforderliche Alkoholkonzentration hängt dabei ganz vom Wassergehalt des Auszugsmaterials ab. Frische Kräuter werden mit hochprozentigem Sprit (70 bis 96 %vol) ausgezogen, für getrocknete Kräuter genügt Alkohol mit 40 bis 60 %vol. Auch die Dauer der Mazeration richtet sich nach dem Material – bei frischen Kräutern genügen oft einige Stunden, getrocknete können auch bis zu mehreren

*Verschiedene Ansätze für Kräuterliköre*

Wochen benötigen. Auch hier gilt im Zweifelsfall: Probieren geht über Studieren.

## Ständiger Austausch ist wichtig

Das Ansatzgefäß sollte aus Glas (z. B. ein großes Einmachglas) oder Steinzeug und gut verschließbar sein. Für den Auszug müssen die Kräuter möglichst gleichmäßig zerkleinert werden. Anschließend kommen sie in einen Behälter (ein Einhängesieb oder einen Leinenbeutel), der mit möglichst großem Abstand zum Boden im Ansatzgefäß eingehängt wird. Der schwerere Extrakt sinkt nach unten und von oben läuft immer wieder ungesättigter Sprit nach, so dass ein ständiger Austausch erfolgt.

Ansatzgut und Ansatzsprit stehen in der Regel in einem Mengenverhältnis von 1:5 bis 1:10. Der Ansatzsprit, der in den ausgelaugten Drogen zurückbleibt, kann bis auf einen Rest einfach mit der Hand ausgepresst werden. Nachdem der alkoholhaltige Auszug gut haltbar ist, empfiehlt es sich, ihn nicht nur für einen Liter Likör, sondern gleich auf Vorrat herzustellen.

**SMART Tipp**

› **Wegen ihres** „unverbrauchten" Aromas und der vollwertigen Inhaltsstoffe ist frischen Kräutern grundsätzlich der Vorzug zu geben. In der Praxis werden Sie aber oft mit getrockneter Ware, die in der Qualität erheblich unterlegen sein kann, vorlieb nehmen müssen.

# Nützliches Gerät von A bis Z

## Ansatzgefäße

Für den Ansatz eignen sich in der Regel helle Glasgefäße (zum Beispiel Gurken- oder Einmachgläser, Ballon) am besten. Bei lichtempfindlichen Ansätzen nehmen Sie am besten Steinzeug-Behälter. Auf jeden Fall müssen die Ansatzgefäße fest verschließbar sein.

## Filter

Anstatt professionellen Kohlefiltern können Sie herkömmliche Kaffeefiltertüten, die es in jedem Supermarkt zu kaufen gibt, verwenden. Auch ein Dauerfilter aus Metall (Goldfilter) ist geeignet.

*Trichter – am besten aus Edelstahl*

## Flaschen

Zur Aufbewahrung von Extrakten und Kräuterauszügen und zur Lagerung des fertigen Likörs sollten dunkle Flaschen mit geruchsfreien Korken oder Schraubverschlüssen verwendet werden.

## Karaffen

Wenn man Gäste hat, macht es sich gut, wenn man den „Selbst gemachten" in einer eleganten, vielleicht sogar edlen Karaffe mit einem geschliffenen Glasstöpsel serviert. Likörkaraffen gibt es in den verschiedensten Ausführungen für jeden Geschmack und in unterschiedlichen Preisklassen für jeden Geldbeutel.

## Klebeetiketten

Ein nützliches und notwendiges Zubehör sind Klebeetiketten in unterschiedlichen Formaten. Vor allem in den verschiedenen Stadien der Likörbereitung ist es wichtig, dass der genaue Inhalt (Art und Menge) und das Datum (wann der Ansatz erfolgte) auf der Flasche abgelesen werden kann. Aber auch beim fertig gereiften Likör gibt ein von Hand geschriebenes Etikett eine persönliche Note.

## Seihtuch

Zum Abpressen von Früchten und angesetzten Kräutern genügt in der Regel ein so genanntes Seihtuch. Das ist ein spezieller Stoff, der im Fachhandel erhältlich ist und auf die passende Größe zugeschnitten werden kann. Die einfachste Technik ist, die Siebe oder Trichter mit einem Seihtuch auszulegen.

**SMART Tipp**

› **Verwenden Sie** für Ihre Liköre einfach die Flaschen, in denen Sie den Ansatzalkohol gekauft haben. Dadurch ersparen Sie sich die mühsame Reinigung.

*Beim Abfüllen* ist ein Trichter unerlässlich.

## Weitere nützliche Utensilien

Zum genauen Abmessen der Flüssigkeiten empfiehlt es sich, einen Messbecher für größere Mengen und ein Messglas oder Messzylinder für Kleinstmengen zu verwenden.
Sie sollten ein ganzes Sortiment von Sieben unterschiedlicher Größe zur Hand haben: vom Nudelsieb mit größerer Lochung bis zum Drahtsieb mit seinem ganz feinen Maschengeflecht.
Vor allem bei den ersten Schritten der Likörbereitung benötigt man mehrere große Schüsseln. Für die Materialien gilt hier wie bei allen anderen Gerätschaften: Nur Edelstahl, Glas oder Kunststoff verwenden.
Einfülltrichter in verschiedenen Größen können die Arbeit wesentlich erleichtern. Getrocknete Kräuter müssen auf das Gramm genau abgewogen werden. Hierfür benötigen Sie eine einfache Präzisionswaage, die man in guten Haushaltswarengeschäften kaufen kann.
Die meisten Küchenmaschinen eignen sich auch für das Zerkleinern der Früchte und anderer Likörzutaten. Kleine, getrocknete Pflanzenteile wie Samen usw. zerstößt man am besten in einem Mörser.

# Checkliste rund um die Likörbereitung

**Bevor Sie mithilfe der nun folgenden Rezepte „loslegen", gibt es hier noch einige wertvolle Tipps für die Praxis der Likörbereitung – vom Einkauf der Geräte und Zutaten bis zur Arbeitsweise.**

**1 Geräte nur aus bestimmten Materialien** Alle Geräte und Gefäße für die Likörherstellung sollten aus hochwertigem Material bestehen. Geeignet sind Glas, Kunststoff oder Edelstahl. Bei anderen Metallen (Eisen und auch nicht verzinkt) besteht die Gefahr, dass die Säuren Stoffe lösen und giftige Verbindungen entstehen. Die erforderlichen Geräte und Gefäße erhalten Sie in guten Haushaltswarengeschäften oder bei Spezialversendern (siehe Bezugsquellen Seite 62).

**2 Einkauf von hochprozentigem Alkohol** Hochprozentiger Alkohol ist nicht billig. In der Apotheke und in der Drogerie kostet ein Liter um die 40 Euro. Bei Spezialversendern kann man ihn zu einem günstigeren Preis beziehen (siehe Bezugsquellen Seite 62). Das lohnt sich allerdings erst beim Einkauf größerer Mengen, denn man muss noch die Kosten für Porto und Verpackung hinzurechnen. Deutlich billiger ist der Sprit in Österreich.

**3 Beste Zutaten sind gerade gut genug** Ob Früchte, Kräuter oder andere Zutaten: Für die Likörherstellung ist das Beste gerade gut genug. Eine faule Frucht, die nicht aussortiert wird, kann Sie zumindest zum Teil um den verdienten Lohn Ihrer Arbeit bringen und Aroma/Geschmack beeinträchtigen. Das wollen Sie doch nicht riskieren, oder? Achten Sie also bereits beim Einkauf auf einwandfreie Ware.

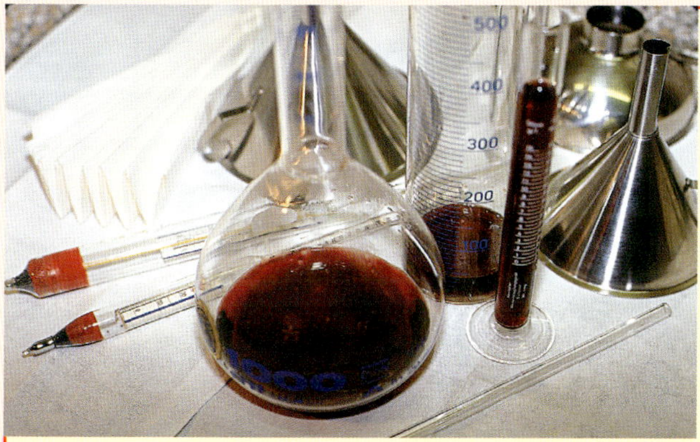

**Sauberkeit ist oberstes Gebot** Bei der häuslichen Likörherstellung sollten Sie penibel auf Sauberkeit achten, weil sonst leicht Essigbakterien entstehen können. Alle Geräte und Gefäße müssen deshalb sofort nach ihrer Verwendung und am besten ein zweites Mal vor neuerlichem Gebrauch sorgfältig ausgewaschen werden.

**5 Vorsicht mit hochprozentigem Alkohol** Hochprozentiger Alkohol ist sehr leicht brennbar. Augen, Nase und Mund sind bei der Arbeit mit Sprit möglichst gut zu schützen. Hochprozentiger Alkohol sollte nur in eigens gekennzeichneten Flaschen aufbewahrt werden, damit es zu keinen Verwechslungen mit anderen, vom Erscheinungsbild gleichen Flüssigkeiten (z. B. Brennspiritus) kommen kann.

**6 Haben Sie Mut zum Experimentieren** Wenn Sie einen Likör nach Rezept bereiten und die Geschmacksgarantie haben wollen, dann müssen Sie die angegebenen Zutatenmengen und die Arbeitsschritte genau einhalten. Dann erhalten Sie einen Likör, der auch vom Alkoholgehalt richtig „eingestellt" ist. Haben Sie aber auch mal den Mut zum Experimentieren und zu eigenen Kreationen – der wird vielleicht nicht immer, aber immer öfter belohnt. Die nun folgenden Rezepte bieten auch hier eine gute Orientierung.

# Likör-Rezepte

# Fruchtig und frisch

## Sauerkirschlikör

Ergibt 1 l
ca. 28 %vol

- **500 g Sauerkirschen**
- **250 ml Weingeist (96 %vol)**
- **100 ml Kirschwasser**
- **250 ml Zuckersirup**

**1** Die Kirschen waschen, entkernen und zerkleinern. 15 Kerne mit einem Hammer aufklopfen. Die Kirschen mit den aufgeklopften Kirschkernen und dem Weingeist in eine gut schließende Flasche mit weitem Hals geben und 2 bis 3 Wochen bei Raumtemperatur ruhen lassen.
**2** Den Ansatz auf ein Seihtuch geben und abtropfen lassen, die Reste mit der Hand kräftig auspressen. Das Seihtuch mit den Rückständen in ein Spitzsieb legen. So viel Wasser nachgießen, dass sich im Auffanggefäß 650 ml befinden. Diesen Extrakt mit dem Kirschwasser und dem Zuckersirup vermischen und weitere 2 Wochen ruhen lassen.
**3** Den Likör durch ein feines Sieb gießen, in sorgfältig sterilisierte Flaschen füllen und an einem kühlen, dunklen Ort 6 Wochen reifen lassen, bevor Sie ihn trinken.

Varianten
Sehr gut schmeckt der Likör auch mit Jamaika-Rum statt mit Kirschwasser. Stroh-Rum eignet sich ebenfalls, allerdings ist sein Aroma intensiv und sein Alkoholgehalt liegt bei 80 %vol. Geben Sie also davon nicht mehr als 2 bis 3 Esslöffel in den Likör.

## Apfellikör

Ergibt 1 l
ca. 24 %vol

- **500 g aromatische, nicht zu süße Äpfel**
- **600 ml Calvados**
- **1,5 g Antigeliermittel**
- **250 ml Zuckersirup**

**1** Die Äpfel waschen und mit der Schale zerkleinern, dabei die Kerngehäuse entfernen. Die Apfelstücke mit dem Calvados in der Küchenmaschine zu einem Brei verarbeiten, das Antigeliermittel hinzufügen und die Mischung in eine Flasche mit weitem Hals füllen. Verschlossen an einem dunklen Ort (nicht zu kühl) etwa 2 Wochen ruhen lassen.
**2** Den Ansatz in ein Seihtuch geben und abtropfen lassen. Das Seihtuch in ein Spitzsieb legen. So viel Wasser über den Ansatz gießen, dass sich insgesamt 700 ml in dem Auffangbehälter befinden. Diesen Extrakt mit dem Zuckersirup mischen. Den Likör weitere 14 Tage an einem dunklen Ort ruhen lassen.
**3** Den Likör filtern und in sorgfältig sterilisierte Flaschen füllen. Kühl und dunkel lagern.

SMART Tipp

› **Übergießen Sie** die Äpfel sofort mit Alkohol, da sie sich an der Luft schnell braun verfärben.

*Apfellikör*

## Quittenlikör

Ergibt 750 ml
ca. 27 %vol

- 500 g Quitten
- 1/2 Zimtstange
- 1 Stück unbehandelte Zitronenschale (ohne weiße Innenhaut)
- 500 ml Wodka
- 300 ml Zuckersirup

**1** Die Quitten waschen und mit Schale und Kerngehäusen in der Küchenmaschine zerkleinern. Das Mus in eine Flasche mit weitem Hals geben, Zimtstange, Zitronenschale und Gewürznelken hinzufügen. Den Wodka darüber gießen. Die Flasche verschließen und an einem hellen Ort 4 Wochen ruhen lassen.
**2** Den Ansatz auf ein Abseihtuch geben und die Flüssigkeit in einen Auffangbehälter laufen lassen. Das Tuch auspressen. Den Extrakt durch einen Filter gießen und mit dem Zuckersirup mischen. Den Likör in sterilisierte Flaschen füllen. Die Flaschen verschließen und kühl und dunkel lagern. Den Likör noch 6 Wochen ruhen lassen, dann ist er trinkreif.

*Quittenlikör ist eine echte Rarität.*

## Hagebuttenlikör

Ergibt 700 ml
ca. 21 %vol

- 250 g Hagebutten
- 250 ml Wodka
- 50 ml Weingeist (90 %vol)
- 1 Vanilleschote
- 1 unbehandelte Zitrone
- 250 ml Zuckersirup

**1** Die Hagebutten waschen und verlesen. Die Früchte mit einem Fleischklopfer oder einem Kartoffelstampfer leicht anquetschen und in eine Flasche mit weitem Hals geben. Den Wodka darüber gießen.
**2** Die Vanilleschote aufschlitzen und hinzufügen. Die Zitrone heiß abwaschen und trockenreiben. Die Schale mit einem Sparschäler dünn abschälen, die weiße Innenhaut nicht mit ablösen. Die Schalenstreifen zu den Hagebutten geben.
**3** Die Flasche verschließen und die Mischung 14 Tage bei Raumtemperatur an einem hellen Platz ruhen lassen.

SMART

Schon gewusst?

- **Hagebutten** sind die Früchte der Heckenrosen. Leuchtend rot glänzen sie uns im Herbst entgegen und sind dann zwar prall und glatt, aber noch ungenießbar. Erst nach dem ersten Nachtfrost werden sie weich und süß und müssen dann allerdings schnell geerntet werden, damit sie nicht am Stock faulen.
- **Pflücken Sie** die Hagebutten immer nur abseits viel befahrener Straßen und lassen Sie für die Vögel noch etwas am Strauch – sie brauchen die Beeren dringend, wenn die Erde gefroren ist und sie nur schwer an Futter kommen.
- **Früher wurde aus** den Früchten Hagebuttenmark gemacht, das ein ganz eigenwilliges Aroma hat. Heute scheuen viele die Herstellung dieses schmackhaften Fruchtaufstriches, weil er sehr arbeitsaufwändig ist.

*Hagebuttenlikör hat ein fein-säuerliches Aroma.*

**4** Die Mischung in ein Seihtuch geben und den Saft ablaufen lassen. Den Rest mit der Hand fest ausdrücken. Den Extrakt mit dem Zuckersirup vermischen und in sterilisierte Flaschen abfüllen.

**5** Den Likör dunkel und kühl lagern. Der Hagebuttenlikör braucht einige Monate, bevor er Trinkreife erlangt hat. Haben Sie Geduld, es lohnt sich: nach etwa 6 Monaten werden Sie mit einem feinen Geschmack belohnt!

## Himbeerlikör mit Minze

Ergibt knapp 1 l
ca. 26 %vol

- **250 g Himbeeren**
- **4 Zweige Apfelminze**
- **1 Stück unbehandelte Zitronenschale (ohne weiße Innenhaut)**
- **100 ml Weingeist (90 %vol)**
- **400 ml Himbeergeist**
- **100 ml Wasser**
- **300 ml Zuckersirup**

**1** Die Himbeeren grob zerkleinern, die gewaschenen und trocken geschüttelten Apfelminzeblätter zerpflücken. Himbeeren, Minzeblätter und Zitronenschale in eine Flasche mit weitem Hals geben, den Weingeist und die Hälfte des Himbeergeistes angießen. Die Flasche verschließen und den Ansatz an einem hellen Platz 2 Wochen ruhen lassen.
**2** Den Ansatz auf ein Abseihtuch geben, die Flüssigkeit in einen Auffangbehälter laufen lassen. Das Wasser auf das Abseihtuch gießen, das Tuch auspressen.
**3** Himbeerextrakt durch einen Filter gießen, mit Zuckersirup und restlichem Himbeergeist mischen und in sterilisierte Flaschen füllen. Likör gut verschlossen an einem kühlen, dunklen Ort lagern, innerhalb eines Jahres verbrauchen.

## Walderdbeerlikör

Ergibt 1 l
ca. 27 %vol

- **500 g Walderdbeeren**
- **250 ml Weingeist (90 %vol)**
- **50 ml Rum**
- **50 ml Himbeergeist**
- **1/2 Zitrone**
- **300 ml Zuckersirup**
- **1 Päckchen Vanillezucker**

**1** Die Walderdbeeren abbrausen und trockentupfen, dann putzen und verlesen. Die Früchte mit einer Gabel leicht anquetschen, dann in eine Flasche mit weitem Hals geben. Den Weingeist darüber gießen und die Flasche verschließen. Die Früchte bei Raumtemperatur etwa 2 Wochen ruhen lassen, dabei immer wieder umrühren.
**2** Die Mischung auf ein Seihtuch geben und den Saft in einen Auffangbehälter ablaufen lassen, den Rest mit der Hand auspressen. Das Seihtuch mit den Resten der Fruchtmasse in ein Spitzsieb legen und so viel Wasser darüber gießen, dass sich im Auffangbehälter 600 ml Extrakt befinden.
**3** Die Zitrone auspressen. Den Erdbeerextrakt mit Zitronensaft, Rum, Himbeergeist, Zuckerlösung und Vanillezucker vermischen und in sterilisierte Flaschen abfüllen. Die gut verschlossenen Flaschen kühl und dunkel lagern. Den Likör vor dem Ausschenken etwa 6 Wochen ruhen lassen und innerhalb eines Jahres verbrauchen.

**SMART Tipp**

› **Der Walderdbeerlikör** schmeckt natürlich auch mit Kulturerdbeeren. Verwenden Sie aber nur aromatische, vollreife Früchte.

*Fruchtiger Erdbeerlikör*

## Limettenlikör

Ergibt 850 ml
ca. 23 %vol

- 5 Limetten
- 250 g weißer Kandis
- 500 ml weißer Rum
- 1 Zitrone
- 100 ml Zuckersirup

**1** Die Limetten mit heißem Wasser waschen und trockenreiben. Die Schale mit einer dicken Nadel mehrfach tief einstechen.
**2** Die Limetten in ein weites Gefäß geben. Den Kandis etwas zerstoßen und über die Früchte verteilen, den Rum angießen. Das Gefäß verschließen und die Mischung an einem hellen Ort 5 Wochen ruhen lassen.
**3** Den Ansatz durch ein Sieb gießen, dann filtern. Die Zitrone auspressen. Die Zuckerlösung und den Zitronensaft unter den Ansatz rühren. Nach dem Abfüllen ist der Limettenlikör trinkfertig. Lagern Sie den Likör kühl und dunkel.

**SMART Tipps**

- **Limetten kommen** meist unbehandelt auf den Markt, dennoch können sich auf der Schale Schadstoffe befinden. Deshalb sollten Sie Limetten vor Gebrauch heiß abwaschen.
- **Auch unbehandelte** Zitronen müssen gründlich gewaschen werden, denn unbehandelt bedeutet nicht, dass die Schale frei von Schadstoffen ist.

*Limettenlikör*

## Zitronenlikör

Ergibt 1 l
ca. 24 %vol

- 6 unbehandelte Zitronen
- 250 g weißer Kandis
- 600 ml Grappa (40 %vol)
- 100 ml Zuckersirup

**1** 5 Zitronen heiß abwaschen, in Scheiben schneiden und in eine Flasche mit weitem Hals geben. Den Kandis dazugeben und den Grappa angießen. Den Ansatz an einem warmen, hellen Ort etwa 4 Wochen stehen lassen, während dieser Zeit immer wieder schütteln.
**2** Den Ansatz durch ein Sieb gießen, dann filtern. Die letzte Zitrone auspressen und den Saft mit dem Zuckersirup unter den Likör mischen. Den Likör in sterilisierte Flaschen füllen und vor dem Trinken noch einige Zeit ruhen lassen.

## Blutorangenlikör

Ergibt 1 l
ca. 26 %vol

- 3 unbehandelte Orangen
- 1 unbehandelte Zitrone
- 150 ml Weingeist (90 %vol)
- 300 ml Grappa (40 %vol)
- 150 ml frisch gepresster Blutorangensaft
- 350 ml Zuckersirup

1 Die Früchte heiß abwaschen und trockenreiben. 1 Orange mehrfach einstechen. Die Schale der restlichen Orangen und der Zitrone ohne die weiße Innenhaut abschälen.

2 Die Orange in ein Ansatzgefäß geben, die Schalen, den Weingeist und 150 ml Grappa dazugeben. Den Ansatz bei Raumtemperatur etwa 1 Tag stehen lassen. Den Ansatz auf ein Abseihtuch geben und so viel Wasser nachgießen, dass sich etwa 400 ml Flüssigkeit im Auffangbehälter befinden. Das Abseihtuch auspressen.

3 Den Orangenextrakt mit dem Orangensaft, dem restlichen Grappa und dem Zuckersirup mischen und den Likör in sterilisierte Flaschen füllen. An einem dunklen, kühlen Ort ruhen lassen. Der Likör ist etwa 1 Jahr haltbar.

*Fein-säuerlich schmeckt der Blutorangenlikör.*

## Heidelbeerlikör mit Zitronenmelisse

Ergibt 1 l
ca. 32 %vol

- **500 g Heidelbeeren**
- **300 ml Weingeist (96 %vol)**
- **1 unbehandelte Zitrone**
- **2 Zweige Zitronenmelisse**
- **1/2 Zitrone**
- **250 ml Zuckersirup**
- **100 ml aromatischer Rotwein**
- **50 ml Rum**

**1** Die Heidelbeeren waschen, abtropfen lassen und verlesen, dann mit einer Gabel leicht anquetschen. Die Früchte in eine Flasche mit weitem Hals füllen und mit dem Weingeist begießen. Die Zitrone waschen und die Schale mit einem Sparschäler dünn abschälen, diese zu den Heidelbeeren geben. Die Zitronenmelisse waschen, trockentupfen und ebenfalls zu den Heidelbeeren geben. Die Flasche verschließen und bei Raumtemperatur etwa 2 Wochen ruhen lassen, dabei immer wieder umrühren.

**2** Die Mischung auf ein Seihtuch geben und den Saft in einen Auffangbehälter ablaufen lassen. Den Rest mit der Hand ausdrücken. Das Seihtuch in ein Spitzsieb geben und so viel Wasser darüber gießen, dass 600 ml im Auffangbehälter sind.

**3** Die halbe Zitrone auspressen. Den Extrakt mit dem Zitronensaft, dem Zuckersirup, dem Rotwein und dem Rum mischen und in sterilisierte Flaschen füllen. Die Flaschen verschließen und den Likör an einem dunklen, kühlen Ort 6 Wochen ruhen lassen. Innerhalb eines Jahres verbrauchen.

### Holunderbeeren

**Holunderbeerensaft kennt man schon seit der Antike als bewährtes Mittel bei Erkältungskrankheiten, er wirkt Schleim lösend und Husten stillend.**

**Sammeln Sie Holunder nur abseits befahrener Straßen, denn die giftigen Ablagerungen von Abgasen lassen sich durch Waschen nicht entfernen.**

**Nicht ganz reife Holunderbeeren dürfen niemals roh gegessen werden. Sie enthalten Sambunigrin, das Blausäure abspaltet und vor allem bei Kindern Brechreiz und Verdauungsstörungen hervorrufen kann.**

## Holunderlikör

Ergibt 1 l
ca. 27 %vol

- **200 ml Zuckersirup**
- **1/2 Vanilleschote**
- **1 Stück Zimtrinde**
- **1 Stück unbehandelte Orangenschale**
- **450 ml Holundersaft (im Dampfentsafter gewonnen)**
- **250 ml Weingeist (96 %vol)**
- **100 ml Jamaika-Rum**

**1** Zuckersirup in eine Flasche mit weitem Hals geben. Die Vanilleschote aufschlitzen, mit der Zimtrinde und der Orangenschale in die Flasche geben. Holundersaft, Weingeist und Rum angießen und alles etwa 2 Wochen stehen lassen, dabei immer wieder schütteln.

**2** Den Likör durch einen Filter in sterilisierte Flaschen abfüllen und kühl und dunkel lagern. Innerhalb eines Jahres verbrauchen.

*Holunderlikör: Gefäß und Inhalt passen perfekt.*

## Pfirsichlikör mit Lavendel

Ergibt 1 l
ca. 24 %vol

- 400 g reife Pfirsiche
- 2 Zweige frischer und blühender Lavendel
- 300 g Zucker
- 200 ml Weißwein
- 300 ml Marillenschnaps
- 100 ml Weingeist (96 %vol)
- 2 Tropfen Bittermandelöl

**1** Die Pfirsiche waschen und halbieren. Die Steine entfernen und beiseite legen. Die Früchte grob zerkleinern, mit Lavendel, Zucker und Weißwein zum Kochen bringen. So lange kochen lassen, bis der Zucker gelöst ist. Aufsteigenden Schaum abschöpfen.

**2** Die Mischung in eine sterilisierte Flasche mit weitem Hals füllen. Die Steine aufklopfen. Die Kerne herauslösen, die Häute entfernen. Die Kerne hacken und in die Flasche geben. Den Marillenschnaps und den Weingeist hinzufügen. Die Flasche verschließen und die Mischung 1 Woche an einem kühlen Ort ruhen lassen.

**3** Den Likör durch ein Filtertuch gießen, die Reste mit der Hand ausdrücken. Den Likör durch einen feinen Filter gießen, das Bittermandelöl zugeben, in sterilisierte Flaschen füllen, verschließen und kühl und dunkel mindestens 6 Wochen lagern. Dann ist der Likör trinkfertig.

*Pfirsichlikör mit Lavendel*

## Zwetschgenlikör

Ergibt 1 l
ca. 30 %vol

- 300 g Zwetschgen
- 1/2 Zimtstange
- 2 Gewürznelken
- 1 Kaffir-Zitronenblatt
- 200 ml Weingeist (90 %vol)
- 300 ml Zwetschgenwasser
- 100 ml Wasser
- 300 ml Zuckersirup

**1** Die Zwetschgen waschen, halbieren und entsteinen. Die Hälften in eine Flasche mit weitem Hals füllen. 2 Zwetschgensteine mit einem Hammer aufklopfen und mit in die Flasche geben. Zimtstange, Nelken und Kaffir-Zitronenblatt hinzufügen und den Weingeist sowie 100 ml Zwetschgenwasser angießen. Den Ansatz an einem hellen Ort 4 Wochen stehen lassen, dabei immer wieder schütteln.

**2** Den Ansatz auf ein Abseihtuch geben und die Flüssigkeit in einen Auffang-

SMART

**Schon gewusst?**

- **Kaffir-Zitronenblätter** sind die aromatischen Blätter einer Zitronenart und werden vor allem in asiatischen Gerichten zum Würzen benutzt. Sie erhalten Kaffir-Zitronenblätter in Asialäden.

behälter laufen lassen. Das Wasser darüber gießen und das Tuch mit dem Ansatz auspressen.

3 Den Likör durch einen Filter gießen und den Zuckersirup sowie das restliche Zwetschgenwasser untermischen. Den Likör in sterilisierte Flaschen füllen und an einem dunklen, kühlen Ort lagern. Innerhalb eines Jahres verbrauchen.

## Feigenlikör

Ergibt 1 l
ca. 35 %vol

- **500 g frische grüne Feigen**
- **1 Kaffir-Zitronenblatt**
- **250 g Kandis**
- **300 ml Weingeist (90 %vol)**
- **100 ml Wasser**
- **200 ml spanischer Brandy**

*Ein Hauch von Exotik: Feigenlikör*

1 Die Feigen waschen, vierteln und in eine Flasche mit weitem Hals geben. Den Kandis und das Kaffir-Zitronenblatt dazugeben und den Weingeist darüber gießen. Die Flasche verschließen und an einem hellen Ort etwa 4 Wochen ruhen lassen.

2 Den Ansatz auf ein Abseihtuch geben und die Flüssigkeit in einem Auffangbehälter auffangen. Das Wasser über den Ansatz gießen und das Tuch auspressen. Den Extrakt durch einen Filter gießen und mit dem Brandy mischen. Den Likör in sterilisierte Flaschen füllen. Die Flaschen verschließen und an einem dunklen, kühlen Ort lagern. Nach einer Woche ist er trinkreif.

## Cassislikör

Ergibt 1 l
ca. 31 %vol

- **400 g schwarze Johannisbeeren**
- **100 g rote Johannisbeeren**
- **10 g unbehandelte Johannisbeerblätter**
- **300 ml Weingeist (96 %vol)**
- **120 ml roter Portwein (Finest Reserve)**
- **280 ml Zuckersirup**

**1** Die Johannisbeeren und die Blätter waschen und trocknen. Die Beeren mit einer Gabel von den Stielen streifen. Die Beeren mit den Blättern, dem Weingeist und 200 ml Wasser im Mixer zerkleinern. Den Brei in eine Flasche mit weitem Hals geben, diese verschließen und etwa 2 Wochen bei Raumtemperatur ruhen lassen, dabei immer wieder umrühren.
**2** Die Mischung auf ein Seihtuch geben und den Saft in ein Gefäß laufen lassen, den Rest mit der Hand ausdrücken. Das Seihtuch in ein Spitzsieb legen und so viel Wasser darüber laufen lassen, dass sich im Auffangbehälter 600 ml Extrakt befinden.
**3** Den Extrakt mit dem Portwein und dem Zuckersirup mischen. Den Likör durch einen feinen Filter laufen lassen und in sterilisierte Flaschen füllen. Den Likör 6 Wochen kühl und dunkel lagern und innerhalb eines Jahres verbrauchen.

## Cranberrylikör

Ergibt 1 l
ca. 22 %vol

- **300 g Cranberries**
- **1/2 Zimtstange**
- **2 Gewürznelken**
- **250 ml Williams**
- **300 ml Wodka**
- **300 ml Zuckersirup**

**1** Die Beeren waschen und abtropfen lassen, in der Küchenmaschine grob zerkleinern. Die Zimtstange und die Gewürznelken im Mörser grob zerstoßen. Cranberries und Gewürze mit dem Alkohol in eine Flasche mit weitem Hals geben und an einem hellen Ort 4 Wochen ruhen lassen.
**2** Den Ansatz auf ein Abseihtuch geben und die Flüssigkeit in einen Auffangbehälter laufen lassen. Das Tuch auspressen. Den Extrakt mit dem Zuckersirup mischen und den Likör in sterilisierte Flaschen füllen. Kühl und trocken mindestens eine Woche lagern.

## Ananas-Chili-Likör

Ergibt 1 l
ca. 32 %vol

- **1 Fluganaras**
- **1 rote Chilischote**
- **250 ml Weingeist (90 %vol)**
- **250 ml Jamaica-Rum**
- **300 ml Zuckersirup**

**1** Die Ananas schälen und das Fleisch zerkleinern. Die Chilischote waschen, längs aufschneiden und die Kerne entfernen. Mit der Ananas in eine Flasche mit weitem Hals geben. Den Weingeist angießen und die Flasche verschließen. Den Ansatz 4 Wochen an einem hellen Ort stehen lassen.
**2** Den Ansatz auf ein Abseihtuch geben und die Flüssigkeit in einen Auffangbehälter laufen lassen. Das Tuch auspressen. Den Extrakt durch einen Filter gießen und mit dem Jamaica-Rum und dem Zuckersirup mischen.
**3** Den Likör in sterilisierte Flaschen füllen und an einem kühlen und dunklen Ort lagern. Nach einer Woche Lagerung ist der Ananas-Chili-Likör trinkreif.

*Zugleich süß und scharf: Ananas-Chili-Likör*

# Reine Geschmackssache

**Aus Früchten und Kräutern lässt sich zwar bereits eine Vielzahl von Likören mit unverwechselbarem Charakter herstellen, doch ist die Palette an Aromastoffen damit noch lange nicht erschöpft. Diese reicht von Schokolade über Kaffee und Nüsse bis hin zu „süßen" Gewürzen (Zimt, Vanille etc.) und Rosenwasser.**

## Schokoladige Likörprodukte

Eine reizvolle Abwechslung sind Schokoliköre. Sie können aus jeder Art von Schokolade hergestellt werden – ob dunkel, braun oder hell – nehmen Sie einfach Ihre Lieblingssorte. Aufgrund ihres geringeren Fettgehalts ist Bitterschokolade jedoch am besten geeignet. Sie können auch zu weißer Schokolade greifen, die streng genommen aber gar keine Schokolade ist, weil sie völlig ohne Kakaomasse und -pulver (mit Milch, Kakaobutter und Zucker) produziert wird.
Nougatliköre werden aus Nougatrohmasse zubereitet, die Sie in jedem gut sortierten Lebensmittelmarkt kaufen können. Achten Sie auch hier auf Qualität.

## Feines aus Kaffee und Mokka

Wer beim Likör zwischendurch andere Geschmacksnoten haben will, kann es mit einem der verschiedenen Liköre unter dem Überbegriff „Kaffee" versuchen.

SMART

### Experimentieren ist immer erlaubt

› **Im Rezeptteil** finden Sie eine Reihe von Likören, die ihr Aroma und ihren Geschmack hauptsächlich den genannten Zutaten verdanken. Aber auch hier gilt: Experimentieren ist natürlich erlaubt – und vielleicht gelingt Ihnen ja selbst eine Likörkreation, die noch in keinem Buch steht und mit der Sie alle überraschen können.

Der „normale“ Kaffeelikör wird aus Kaffee(bohnen) hergestellt. Noch intensiver und markanter fällt sein Aroma bei Verwendung von Espresso(bohnen) aus. Wer es dagegen etwas feiner und „runder“ haben will, nimmt Mokka(bohnen) für einen schönen Cappuccinolikör.

## „Süße“ Gewürze: Die besondere Note

Aber auch „süße“ Gewürze lassen sich zu Likören mit einer ganz besonderen Note verarbeiten. An erster Stelle sind hier die besonders vielseitig einsetzbaren Gewürze Zimt und Vanille zu nennen.

Zimt wird aus der abgeschälten und getrockneten Rinde des Zimtbaumes, eines tropischen Lorbeergewächses, gewonnen und ist im Handel in Stangenform und als Pulver erhältlich. Greifen Sie bevorzugt zum feineren Ceylonzimt und nicht zum billigeren, aber auch schärferen Chinazimt (Kassia).

Vanille ist die Kapselfrucht einer tropischen Orchideenpflanze und gilt als eines der edelsten Gewürze. Sie wird bei uns in verschiedenen Formen angeboten, wobei die länglichen, schwarz-braunen Vanilleschoten am meisten von dem feinen und so beliebten Aroma haben.

## Weitere geeignete Aromastoffe

Eine gute Likörbasis bilden aber noch viele weitere „Grundstoffe“ wie zum Beispiel Nüsse (von Wal- bis zu Haselnüssen), Karamell (Masse aus geschmolzenem Zucker) oder Marzipanrohmasse (hergestellt aus gebrühten und geschälten süßen Mandeln mit Zusatz von Rübenzucker). Braucht man keine Masse, sondern nur das typische Marzipanaroma, nimmt man Bittermandelöl. Zum Aromatisieren eignet sich bei einigen Likören aber auch Rosenwasser – Ihrer Kreativität sind also kaum Grenzen gesetzt.

# Cremig und verführerisch

## Weißer Schokoladen-Orangen-Likör

Ergibt 1 l
ca. 27 %vol

- 1/4 Vanilleschote
- 1 Stück unbehandelte Orangenschale
- 100 g weiße Schokolade
- 200 g Zucker
- 2 Freilandeier
- 250 ml Weingeist (90 %vol)
- 100 ml weißer Rum
- 150 ml frisch gepresster Orangensaft

**1** Die Vanilleschote aufschlitzen, mit der Orangenschale und der Milch in einen Topf geben und aufkochen lassen, dann die Kochplatte ausschalten und die Mischung etwa 10 Minuten ziehen lassen. Die Milchmischung durch einen Filter gießen und nochmals erhitzen. Die Schokolade in der heißen Milch auflösen.

**2** Inzwischen den Zucker mit den Eiern cremig aufschlagen. Den Weingeist und den Rum vorsichtig angießen, zum Schluss den Saft untermischen. Die Zucker-Eier-Masse unter die Schokoladenmilch rühren.

**3** Den Likör über dem warmen Wasserbad unter ständigem Rühren auf etwa 50 °C erwärmen, dann in sorgfältig sterilisierte weite Flaschen füllen und diese sofort verschließen. Den Likör im Kühlschrank aufbewahren und rasch verbrauchen.

*Eine ungewöhnliche Kombination: Weißer Schokoladen-Orangen-Likör*

## Schokoladenlikör

Ergibt etwa 750 ml
ca. 24 %vol

- 1/2 Vanilleschote
- 150 ml Milch
- 80 g entöltes Kakaopulver
- 280 ml Zuckersirup
- 2 Freilandeier
- 200 ml Weingeist (90 %vol)

**1** Die Vanilleschote aufschlitzen, mit der Milch in einen Topf geben und erwärmen. Etwas von der warmen Milch abnehmen und das Kakaopulver darin anrühren. Die Kakao-Milch-Mischung in die Vanille-Milch geben und alles auf etwa 35 °C abkühlen lassen. Die Vanilleschote entfernen.

**2** Inzwischen die Zuckerlösung mit den Eiern cremig aufschlagen. Den Weingeist und den Weinbrand vorsichtig angießen, diese Mischung unter die Schokoladenmasse rühren und alles kurz aufschlagen.

**3** Den Likör über dem warmen Wasserbad unter ständigem Rühren auf etwa 50 °C erwärmen, dann in sorgfältig sterilisierte weite Gläser oder Flaschen füllen und sofort verschließen.

*Der Schokoladenlikör hat viele Liebhaber.*

SMART Tipps

- **Der Schokoladenlikör** ist eine Sünde wert! Leider dickt er stark nach und muss rasch verbraucht werden (innerhalb von 4 Wochen bei Lagerung im Kühlschrank). Er schmeckt frisch am besten.
- **Achten Sie** beim Erhitzen des Likörs darauf, dass die Temperatur nicht über 50 °C steigt, denn sonst schmeckt er anschließend nach gekochtem Ei.

## Cremiger Macadamianusslikör

Ergibt etwa 1 l
ca. 20 %vol

- **200 g Macadamianusskerne**
- **200 g Zucker**
- **150 ml Milch**
- **100 ml Wasser**
- **150 ml Weingeist (96 %vol)**
- **150 ml spanischer Brandy**
- **50 ml Sahne**
- **2 Freilandeier**

**1** Die Macadamianusskerne hacken und mit dem Zucker hellgelb karamellisieren. Milch und Wasser hinzufügen und alles etwa 10 Minuten bei schwacher Hitze kochen lassen.

**2** Weingeist und Brandy angießen und alles über Nacht an einem kühlen Ort ziehen lassen. Dann die Mischung durch ein feines Sieb und durch einen Filter gießen.

**3** Sahne und Eier unter den Nussansatz rühren und den Likör über dem warmen Wasserbad auf etwa 50 °C erhitzen. Heiß in sterilisierte Flaschen füllen und diese sofort verschließen. Den Likör im Kühlschrank lagern und bald verbrauchen.

## Eierlikör

Ergibt 1 l
ca. 20 %vol

- 15 große Eigelb von Freilandeiern
- 300 g Zucker
- 1 Päckchen Bourbon-Vanillezucker
- 1 großes Eiweiß
- 200 ml Weingeist (90 %vol)
- 2 Tropfen Bittermandelöl
- 100 ml Sahne
- 30 ml spanischer Brandy

**1** Die Eigelbe mit dem Zucker und dem Vanillezucker schaumig schlagen, das Eiweiß dazugeben und untermischen.
**2** Unter Rühren und nur langsam den Weingeist und den Brandy angießen, weil das Eigelb sonst gerinnt.
**3** Zum Schluss das Bittermandelöl und die Sahne untermischen. Wasser bis zur 1-Liter-Marke angießen.
**4** Die Masse in einer Edelstahlschüssel über dem warmen Wasserbad auf etwa 50 °C erwärmen.
**5** Den Likör sofort in sorgfältig sterilisierte Flaschen füllen und verschließen. Im Kühlschrank lagern und innerhalb von 4 Wochen verbrauchen.

### SMART Tipps

- **Kaufen Sie** für Eierlikör Eier aus Freilandhaltung, die nur wenige Tage alt sind. Allerdings sollten Sie keine legefrischen Eier verwenden, denn diese haben zwar kein Cholesterin, aber auch wenig Geschmack.
- **Aus den** Eiweißen können Sie Makronen oder auch Baisers backen.
- **Achten** Sie beim Erhitzen des Likörs darauf, dass die Temperatur nicht über 50 °C steigt, denn sonst schmeckt er anschließend nach gekochtem Ei.

## Walnusslikör

Ergibt 1 l
ca 20 %vol

- 100 g grüne Walnüsse
- 1 Zimtstange
- 3 Gewürznelken
- 450 ml Weinbrand
- 300 ml Zuckersirup
- 1/2 TL Bourbon-Vanillezucker
- 1 Tropfen Bittermandelöl

### SMART Tipps

- **Für den Walnusslikör** sollten Sie einen besonders guten Weinbrand verwenden, zum Beispiel Cardenal Mendoza.
- **Für Walnusslikör** müssen die Walnüsse noch so weich sein, dass man sie ohne Schwierigkeiten in Scheiben schneiden kann. Das ist etwa im Juni der Fall.
- **Verwenden Sie** nur einwandfreie Früchte. Nüsse, die vom Baum gefallen sind, sollten Sie nur dann nehmen, wenn sie wirklich in einwandfreiem Zustand sind.

**1** Die Walnüsse in Scheiben schneiden und in eine Flasche mit weitem Hals geben. Gewürznelken und die Zimtstange dazugeben, den Weinbrand angießen.
**2** Das Gefäß verschließen und an einem hellen, warmen Ort etwa 4 Wochen stehen lassen. Den Ansatz täglich schütteln.

*Eierlikör ist ein Klassiker, der sehr gehaltvoll ist.*

## Mandellikör

Ergibt 500 ml
ca. 27 %vol

- **200 g Mandelkerne**
- **250 g weißer Kandis**
- **80 ml Weingeist (90 %vol)**
- **150 ml spanischer Brandy**
- **30 ml Wasser**
- **1 Päckchen Vanillezucker**
- **2 Tropfen Bittermandelöl**

**1** Die Mandelkerne grob hacken und mit dem Kandis in eine Flasche mit weitem Hals geben. Den Weingeist und den Brandy angießen und den Ansatz etwa 1 Woche an einem hellen Ort stehen lassen.

**2** Den Ansatz auf ein Abseihtuch geben und die Flüssigkeit in einen Auffangbehälter laufen lassen. Dann das Wasser darüber gießen und das Tuch auspressen. Vanillezucker und Bittermandelöl hinzufügen und den Likör in sterilisierte Flaschen füllen. Gut verschließen und kühl und dunkel lagern. Der Mandellikör ist etwa 1 Jahr haltbar.

*Mandellikör*

## Espressolikör

Ergibt 1 l
ca. 19 %vol

- **300 g Zucker**
- **50 ml Wasser**
- **500 ml starker Espresso**
- **1/4 Zimtstange**
- **2 Gewürznelken**
- **100 ml Weingeist (90 %vol)**
- **250 ml spanischer Brandy**

**1** Zucker und Wasser in einen Topf geben und so lange kochen lassen, bis der Zucker sich aufgelöst hat und die Mischung zähflüssig ist.

> SMART Tipp
>
> › **Kochen Sie** für den Espressolikör einen wirklich starken Espresso, damit der Kaffeegeschmack kräftig genug ist und nicht von den anderen Aromen übertönt wird.

*Für den Espressolikör wird sehr starker Espresso benötigt.*

**2** Den Espresso in den Zuckersirup rühren, Zimtstange und Nelken hinzufügen und alles bei schwacher Hitze noch etwa 10 Minuten ziehen lassen. Den Weingeist und den Weinbrand unterrühren.
**3** Die Zimtstange und die Gewürznelken entfernen. Den Likör in sorgfältig sterilisierte Flaschen füllen, verschließen und kühl und dunkel lagern. Sie sollten den Espressolikör innerhalb eines Jahres verbrauchen.

## Espresso-Zimt-Likör

Ergibt 1 l
ca. 22 %vol

- **200 ml starker Espresso**
- **1 Zimtstange**
- **550 ml Jamaica-Rum**
- **250 ml Zuckersirup**

**1** Den Espresso zusammen mit der Zimtstange erhitzen und etwa 10 Minuten ziehen lassen. Die Mischung durch einen Filter gießen und Rum und Zuckersirup zugeben.
**2** Den Likör in sterilisierte Flaschen füllen, diese verschließen und kühl und dunkel lagern. Nach 2 Wochen ist der Likör trinkreif. Er sollte nicht länger als 1 Jahr lagern.

## Vanillelikör

Ergibt 1 l
ca. 20 %vol

- **10 Vanilleschoten**
- **250 ml Wasser**
- **250 g Zucker**
- **500 ml Calvados**
- **100 ml Rosenwasser**

1 Die Vanilleschoten längs aufschneiden, das Mark herausschaben. Vanilleschoten und -mark mit 250 ml Wasser und dem Zucker erhitzen und bei schwacher Hitze so lange kochen lassen, bis sich der Zucker gelöst hat.
2 Diese Mischung durch ein Sieb in eine Flasche gießen und den Calvados angießen. Die Flasche verschließen und den Likör an einem hellen Ort etwa 5 Wochen ruhen lassen.
3 Den Likör durch ein feines Sieb gießen, mit dem Rosenwasser mischen und in sterilisierte Flaschen füllen.

SMART Tipp

› **Vanilleschoten** sind sehr teuer. Für diesen Likör brauchen Sie mindestens 10 Schoten, damit der Likör auch genügend Aroma hat.

Den Vanillelikör sollten Sie innerhalb eines Jahres verbrauchen.

## Zimt-Sahne-Likör

Ergibt 500 ml
ca. 25 %vol

- **100 g Sahne**
- **150 ml Zuckersirup**
- **15 ml Eiweiß**
- **1/2 Päckchen Bourbon-Vanillezucker**
- **1/2 Zimtstange**
- **50 ml Jamaica-Rum**
- **110 ml Weingeist (96 %vol)**

1 Sahne, Zuckersirup, Eiweiß, Vanillezucker und Zimt im Mixer zerkleinern, dann über dem warmen Wasserbad unter Rühren erwärmen. Den Alkohol untermischen und den Likör durch einen Filter gießen.
2 Den Likör in sterilisierte Flaschen füllen und kühl lagern. Da der Likör nicht lange haltbar ist, sollten Sie nur kleine Mengen davon herstellen und ihn schnell verbrauchen.

## Honiglikör

Ergibt 500 ml
ca. 24 %vol

- **1 Limette**
- **200 g Blütenhonig**
- **300 ml Wodka**
- **1 Stange Zimt**
- **1 Gewürznelke**

1 Die Limette waschen und die Schale mit einem Sparschäler dünn abschneiden. Die weiße Innenhaut nicht mit ablösen, sie schmeckt bitter.
2 Den Honig, die Hälfte des Wodka, Zimtstange, Nelke und Limettenschale in einen Topf geben und sanft erwärmen, bis sich der Honig gelöst hat. Den restlichen Wodka angießen und den Likör in eine sorgfältig sterilisierte Flasche geben. Den Likör bei Raumtemperatur 3 bis 4 Tage stehen lassen, dabei immer wieder schütteln.
3 Den Likör abseihen, in eine Flasche füllen und fest verschließen. Bei kühler und dunkler Lagerung ist der Honiglikör etwa 6 Monate haltbar.

*Vanillelikör mit einem Gläschen Sekt aufgegossen ist ein außergewöhnlicher Aperitif.*

# Likörgenuss und Gesundheit

**Was bereits der griechische Philosoph Plutarch vermutete, ist heute wissenschaftlich belegt: Moderater Alkoholgenuss kann positive Auswirkungen auf den menschlichen Organismus haben.**

Jeder, der kein Kostverächter ist und alkoholische Getränke nicht strikt ablehnt, sollte sich auch mit den gesundheitlichen Auswirkungen von Alkoholkonsum näher befassen und seine Trinkgewohnheiten überprüfen. Die gute Nachricht gleich vorweg: Moderater Alkoholgenuss kann eine Reihe von positiven und gesundheitsfördernden Einflüssen auf den menschlichen Organismus haben. Das ist mittlerweile durch zahlreiche Studien wissenschaftlich belegt.

## Likör steht Wein nicht viel nach

Als das gesündeste unter den alkoholhaltigen Getränken gilt gemeinhin der Wein.

Was sich aber noch weit weniger herumgesprochen hat: Likör steht seinem „berühmten Bruder" kaum nach und hat viele der gesundheitsfördernden Wirkungen, die dem Wein zugeschrieben werden, ebenfalls.

## Positive Wirkungen von Alkohol

- **1. Er ist eine** besonders hochwertige Energiequelle, denn er liefert viel Energie, die im Körper voll verwertet werden kann.
- **2. Er regt** wie die Fruchtsäuren in kleinen Mengen den Appetit an und fördert die Verdauung (vor allem auch von Fett und Eiweiß).
- **3. Er tötet Bakterien** und Viren ab und hat desinfizierende Wirkung; ein gutes Mittel gegen typische Urlaubserkrankungen wie Durchfall und Erbrechen.

▸ **4. Er beugt** Herzinfarkten und anderen Herz/Kreislauf-Erkrankungen vor, indem er den Cholesterinspiegel senkt, die Fließgeschwindigkeit des Blutes und die Durchblutung des Herzmuskels verbessert sowie die Gefahr der Verstopfung (Verkalkung) der Herzkranzgefäße und die Thromboseneigung verringert.

▸ **5. Er kann kreativitätssteigernd** wirken, die Phantasie anregen (bewiesen durch viele große Persönlichkeiten der Zeitgeschichte) und geistig fit halten (durch eine verbesserte Sauerstoffversorgung des Gehirns), zur Entspannung beitragen und Stress abbauen helfen.

## Alkoholgenuss in Maßen

Beachten Sie allerdings: Diese positiven Wirkungen stellen sich nur bei gesunden Menschen und bei Alkoholgenuss in Maßen ein. Für einen Organismus, der durch eine Krankheit geschwächt ist, kann bereits jeder Tropfen Alkohol Gift sein. Schon der berühmte Arzt Paracelsus (1493 bis 1541) stellte fest: „Allein die Dosis macht das Gift".

Bei Gesunden wird heute die verträgliche Alkoholmenge in seriösen Untersuchungen mit 30 Gramm Alkohol für Männer und 20 Gramm für Frauen angesetzt – und zwar täglich. Ein normales Gläschen Likör am Tag dürfen Sie sich also ohne Bedenken gönnen. Und auch das ist erwiesen: Regelmäßiger moderater Alkoholgenuss ist gesünder als weitgehende Enthaltsamkeit mit sporadischen Exzessen.

Schon der griechische Philosoph Plutarch (50 bis 125 n. Chr.) wusste um die positiven Wirkungen von moderatem Alkoholgenuss, aber auch um seine Gefahren, wenn ihm zu stark zugesprochen wird. Seine alte Weisheit über Wein gilt noch heute, untermauert durch zahlreiche wissenschaftliche Studien, uneingeschränkt und kann im Wesentlichen auch auf natürlich hergestellte Liköre übertragen werden. Übertreiben Sie es also nicht und genießen Sie einfach – weniger ist oft mehr.

# Die ganze Kraft von Kräutern und Blüten

*Löwenzahnlikör*

## Löwenzahnlikör

Ergibt 1 l
ca. 28 %vol

- **50 Löwenzahnblüten**
- **200 g weißer Kandis**
- **700 ml Wodka**

**1** Die gelben Blätter der Löwenzahnblüten abzupfen und in eine Flasche mit weitem Hals geben. Den Kandis und den Wodka dazugeben und die Flasche verschließen.

**2** Den Ansatz an einem dunklen, nicht zu warmen Ort etwa 4 Wochen ruhen lassen.

**3** Den Ansatz durch einen Filter gießen und in sterilisierte Flaschen füllen.

**4** Den Likör noch 4 Wochen reifen lassen und kühl und dunkel lagern. Erst dann ist er trinkfertig.

SMART Tipp

› **Nehmen Sie** für den Löwenzahnlikör wirklich nur die gelben Blütenblätter. Geraten grüne Blätter in den Ansatz, wird der Likör bitter.

## Gänseblümchenlikör

Ergibt 500 ml
ca. 24 %vol

- **1 Hand voll Gänseblümchen**
- **300 ml Wodka**
- **100 g Honig**
- **100 ml Wasser**

**1** Die Gänseblümchen am Mittag pflücken, wenn die Blüten ganz geöffnet sind.

Die Blüten säubern und die Blütenköpfe mit der Hälfte des Wodkas in eine Flasche mit weitem Hals geben. Den Ansatz an einem hellen, aber nicht zu warmen Ort etwa 2 Wochen stehen lassen.

**2** Den Ansatz auf ein Abseihtuch geben und die Flüssigkeit in einen Auffangbehälter laufen lassen. Das Tuch auspressen. Den restlichen Wodka und den Honig unterrühren. So viel Wasser dazugeben, dass sich 500 ml in dem Auffanggefäß befinden.

**3** Den Likör in sterilisierte Flaschen abfüllen und fest verschließen. Dunkel und kühl lagern. Nach mindestens 4 Wochen ist der Likör trinkreif.

*Waldmeisterlikör*

## Waldmeisterlikör

Ergibt 1 l
ca. 30 %vol

- **1 großes Bund blühender Waldmeister**
- **250 g weißer Kandis**
- **750 ml guter Weinbrand**
- **150 ml Wasser**
- **1 EL Waldmeistersirup**
- **1 EL Limettensaft**

**1** Den Waldmeister kräftig schütteln, damit kleine Tierchen herausfallen. Dann von dem Bund die oberen Teile der Zweige (mit den Blüten) abschneiden, mit dem Kandis in eine Flasche mit weitem Hals geben und den Weinbrand darüber gießen. Die Flasche an einen hellen, nicht zu warmen Ort stellen und den Ansatz etwa 4 Wochen ruhen lassen.

**2** Den Ansatz auf ein Abseihtuch geben und die Flüssigkeit in ein Auffanggefäß laufen lassen. Das Wasser über den Ansatz gießen, das Abseihtuch auspressen.

**3** Den Likör mit dem Waldmeistersirup und dem Limettensaft mischen und in sterilisierte Flaschen füllen. Nach 2 Wochen ist er trinkreif. Lagern Sie den Waldmeisterlikör immer kühl und trocken, dann ist er etwa 1 Jahr lang haltbar.

## Apfelminzelikör

Ergibt 1 l
ca. 29 %vol

- 10 Zweige Apfelminze
- 20 g unbehandelte Verbenenblätter
- 1 Stück unbehandelte Orangenschale (ohne weiße Innenhaut)
- 100 ml Weingeist (90 %vol)
- 500 ml weicher Calvados
- 100 ml Wasser
- 300 ml Zuckersirup

**1** Apfelminze sowie Verbenenblätter waschen und trockenschütteln. Mit der Orangenschale in eine Flasche mit weitem Hals geben. Den Weingeist und die Hälfte des Calvados angießen. Die Flasche verschließen und den Ansatz an einem hellen Ort etwa 3 Wochen ruhen lassen, dabei immer wieder schütteln.

**2** Den Ansatz auf ein Abseihtuch geben und die Flüssigkeit in ein Auffanggefäß laufen lassen. Das Wasser über den Ansatz gießen und das Tuch auspressen. Den Zuckersirup unterrühren, den restlichen Calvados zugeben und den Likör in sterilisierte Flaschen füllen. Kühl und dunkel gelagert ist der Apfelminzelikör etwa 1 Jahr haltbar.

## Minzlikör

Ergibt 1 l
ca. 24 %vol

- 20 g Minze (Pfefferminze, Orangenminze, Zitronenmelisse)
- 250 g Kandis
- 10 g Korianderkörner
- 1 Flasche Korn (32 %vol)

**1** Die Kräuter verlesen, grobe Stängel entfernen. Die Blätter rasch waschen, in einem Küchentuch trocken schwenken. Die trockenen Blätter und die Korianderkörner abwechselnd mit dem Kandis in ein Glasgefäß mit weitem Hals schichten. Den Korn darüber gießen und das Gefäß verschließen. 6 Wochen bei Zimmertemperatur ziehen lassen. Falls sich der Kandis noch nicht ganz gelöst hat, warten, bis keine Stückchen mehr zu sehen sind.

**2** Den Likóransatz durchschütteln, durch ein Mulltuch abgießen und in Flaschen füllen. 3 bis 4 Monate ruhen lassen.

SMART Tipp

› **Servieren Sie** den Minz-Likör als Digestiv.

## Lavendellikör

Ergibt 1 l
ca. 30 %vol

- 20 blühende Lavendelzweige
- 1 unbehandelte Orange
- 20 g unbehandelte Johannisbeerblätter
- 750 ml Wodka
- 50 ml Wasser
- 200 ml Zuckersirup

**1** Die Lavendelzweige in eine Flasche mit weitem Hals geben. Die Orange heiß abwaschen und trockenreiben. Die Schale dünn abschneiden und in die Flasche geben. Johannisbeerblätter dazugeben und Wodka angießen.

**2** Die Flasche verschließen und den Ansatz an einem hellen, nicht zu warmen Ort 6 Wochen ziehen lassen.

**3** Den Ansatz auf ein Abseihtuch geben und die Flüssigkeit in ein Auffanggefäß laufen lassen. Wasser bis zur 1 Liter-Marke angießen, das Tuch auspressen. Den Likör filtern und den Zuckersirup untermischen.

**4** Den Likör in sterilisierte Flaschen füllen, kühl und dunkel noch etwa 2 Wochen ruhen lassen.

*Minzlikör schmeckt nach dem Essen am besten!*

## Kräuterlikör mit Fenchel

Ergibt 750 ml
ca. 27 %vol

- Je 2 Zweige Zitronenmelisse, Basilikum, Apfelminze, Zitronenthymian, Lavendel
- 1 TL Fenchelsamen
- 1 Kaffir-Zitronenblatt
- 500 ml Wodka
- 250 ml Zuckersirup

**1** Die Kräuter abbrausen und trockenschütteln. Die Blättchen abzupfen. Die Fenchelsamen in einem Mörser etwas zerquetschen.

**2** Das Kaffir-Zitronenblatt zerbröseln. Die Kräuter mit Fenchel und Zitronenblatt in ein Leinenbeutelchen geben und dieses so in ein Ansatzgefäß hängen, dass es den Gefäßboden nicht berührt. Den Wodka darüber gießen.

**3** Die Flasche verschließen und den Ansatz an einem hellen Ort 4 Wochen stehen lassen

**4** Den Ansatz auf ein Abseihtuch geben und die Flüssigkeit in einen Auffangbehälter laufen lassen. Das Tuch auspressen. Die Flüssigkeit durch einen Filter gießen und den Zuckersirup untermischen.

**5** Den Likör in sterilisierte Flaschen füllen, diese fest verschließen und dunkel und kühl lagern. Nach 2 Wochen ist er trinkreif.

SMART Tipp

- **Kaffir-Zitronenblätter** erhalten Sie in Asialäden. Sie werden in der asiatischen Küche zum Würzen verwendet.

*Die Zutaten* für den Fenchel-Kräuterlikör

## Anis-Fenchel-Likör

Ergibt 500 ml
ca. 24 %vol

- 25 g Anissamen
- 25 g Fenchelsamen
- 1 Zweig Orangenminze
- 300 ml Wodka
- 200 ml Zuckersirup

**1** Anis- und Fenchelsamen in einem Mörser leicht zerstoßen und mit der Orangenminze in einen Leinenbeutel geben. Diesen so in eine Flasche mit weitem Hals hängen, dass er den Flaschenboden nicht berührt.

**2** Den Wodka angießen, die Flasche verschließen und den Ansatz an einem hellen Ort 4 Wochen stehen lassen.

3 Den Ansatz auf ein Abseihtuch geben, die Flüssigkeit in einen Auffangbehälter laufen lassen. Das Abseihtuch auspressen. Den Alkohol durch einen Filter gießen und mit dem Zuckersirup mischen.

4 Den Likör in sterilisierte Flaschen füllen und an einem kühlen und dunklen Ort 2 Wochen lang lagern, bevor Sie ihn trinken. Der Anis-Fenchel-Likör sollte nach einem Jahr aufgebraucht werden.

SMART

Schon gewusst?

› **Anis und Fenchel** sagt man eine entblähende Wirkung nach.

*Beruhigende Kräuter* für süße Träume



## Likör für gute Träume

Ergibt 500 ml
ca. 28 %vol

- 10 g Fenchelsamen
- 10 g Weißdornblüten
- 10 g Hopfenzapfen
- 20 g Baldrianwurzel
- 30 g Hibiskusblüten
- 30 Süßholzwurzel
- 20 g Lavendelblüten
- 250 g weißer Kandis
- 350 ml Himbeergeist
- 100 ml Wasser

1 Kräuter und Blüten in einen Leinenbeutel geben. Kandis in eine Flasche mit weitem Hals geben. Den Beutel so hineinhängen, dass er den Flaschenboden nicht berührt.

2 Den Himbeergeist angießen und die Flasche verschließen. Den Ansatz an einem hellen Ort 4 Wochen ruhen lassen.

3 Den Ansatz auf ein Abseihtuch geben und die Flüssigkeit in einen Auffangbehälter laufen lassen. Das Wasser darüber gießen und das Tuch ausdrücken.

4 Den Likör in sterilisierte Flaschen füllen und an einem kühlen, dunklen Ort lagern. Nach 2 Wochen ist er trinkreif. Insgesamt ist er etwa 1 Jahr lang haltbar.

## Rosenlikör

Ergibt 1 l
ca. 28 %vol

- 50 g unbehandelte Blütenblätter von Duftrosen
- 700 ml weißer Rum
- 250 ml Zuckersirup
- 30 ml Rosenwasser
- 2 Tropfen Bittermandelöl

**1** Die Blütenblätter reinigen und in eine Flasche mit weitem Hals geben. Den Rum angießen. Die Flasche verschließen und an einem hellen Ort 6 Wochen ruhen lassen, dabei immer wieder schütteln.
**2** Den Ansatz auf ein Abseihtuch geben und die Flüssigkeit in einen Auffangbehälter laufen lassen. Den Extrakt durch einen Filter gießen, mit dem Zuckersirup, dem Rosenwasser und dem Bittermandelöl mischen.
**3** Den Likör in sterilisierte Flaschen füllen. Die Flaschen verschließen und an einem dunklen, kühlen Ort lagern. Nach 2 Wochen Lagerung können Sie ihn trinken. Innerhalb eines Jahres sollte der Rosenlikör verbraucht werden.

**SMART Tipps**

- **Nehmen Sie** für den Likör nur unbehandelte Rosenblätter.
- **Kräftiger** wird der Likör, wenn Sie ein Stückchen Zimtstange und eine Gewürznelke mit in den Ansatz geben.

## Holunderblütenlikör

Ergibt 500 ml
ca. 32 %vol

- 5 schöne Blütendolden
- 1 unbehandelte Orange
- 200 g weißer Kandis
- 400 ml Wodka

**1** Die Blütendolden schütteln (nicht waschen), damit eventuell vorhandene kleine Tierchen herausfallen. Die Orange mit heißem Wasser waschen und trockenreiben, dann in etwa 1 cm dicke Scheiben schneiden.
**2** Die Scheiben in ein weites Gefäß mit dicht schließendem Deckel geben, die Holunderblüten und den Kandis darauf verteilen. Dann den Wodka angießen.
**3** Das Gefäß verschließen und den Ansatz an einem hellen, warmen Ort etwa 4 Wochen ruhen lassen.
**4** Den Ansatz zuerst durch ein Sieb und dann durch einen Filter gießen.
**5** Den Likör eventuell noch mit etwas Wasser verlängern, dann in sterilisierte Flaschen füllen und kühl und dunkel lagern. Nach 2 Wochen ist er trinkreif. Verbrauchen Sie den Holunderblütenlikör möglichst nach einem Jahr.

## Rosmarin-Likör

Ergibt ca. 500 ml
ca. 30 %vol

- 5 Stiele Rosmarin
- 200 g Kumquats
- 200 ml Zuckersirup
- 100 ml Weingeist (90 %vol)
- 150 ml Weinbrand (40 %vol)

**1** Rosmarin waschen, die Nadeln abstreifen und in eine Flasche mit weitem Hals geben. Die Kumquats waschen und in Scheiben schneiden. Zuckersirup, Weingeist und Weinbrand angießen. Den Auszug 2 bis 3 Wochen stehen lassen, dann durch ein Abseihtuch gießen.
**2** Den Ansatz durch einen Filter in eine sterilisierte Flasche gießen und etwa 2 Wochen stehen lassen, dann ist der Likör trinkfertig.

*Rosenlikör duftet lieblich.*

# Infoecke

## Adressen/Bezugsquellen

▸ **Spezialversender für die Bier-, Likör-, Weinbereitung:**

Fa. Paul Arauner GmbH & Co. KG
Wörthstr. 34-36
97318 Kitzingen
Tel.: 0 93 21/1 35 00
Fax: 0 93 2 /13 50 41
E-Mail:
verkaufhefe@arauner.com
www.arauner.com

Vierka – Friedrich Sauer GmbH & Co.
Postfach 1328
97628 Bad Königshofen
Tel.: 0 97 61/9 18 80
Fax: 0 97 61/91 88 44
E-Mail: mail@vierka.de
www.vierka.de

▸ **Spezialversender für Alkohol:**

L. Brüggemann KG
Salzstr. 127-132
74076 Heilbronn
Tel.: 0 71 31/15 75 –0
Fax: 0 71 31/15 75 –165
E-Mail:
service@brueggemann.com
www.brueggemann.com

## Zu den Autoren

▸ **Claudia Daiber** ist Lehrerin und Autorin zahlreicher Fachbücher, vor allem im Bereich Kochen und gesunde Ernährung. Sie lebt in der Nähe von München und und hat – eine alte Familientradition fortsetzend – bereits langjährige Erfahrung in der Herstellung von Likören.

▸ **Manfred Hailer** ist Journalist und arbeitet bei einer großen Tageszeitung im süddeutschen Raum. Er hat sich ebenfalls bereits als Fachbuchautor einen Namen gemacht. Seine Spezialgebiete sind Wein (Seminare, Vorträge, Verkostungsnotizen im Internet etc.) und Liköre.

## Infos und Tipps

Im Internet finden Sie unter dem Stichwort „Liköre" (bzw. „Likörherstellung" oder „Likörbereitung") mit Hilfe einer Suchmaschine (wie zum Beispiel www.google.de) viele wertvolle Tipps, Infos, Literaturhinweise etc.

Informationen zur Ulmer-SMART-Reihe gibt es ebenfalls im Internet unter
▸ **www.smart.ulmer.de**

## Bildquellen

akg-images: Seite 19
Heino Banderob / Stock-Food: Seite 2/3 (U2 links, 62 links)
Bayerische Staatsbibliothek München: Seite 6
Uwe Bender / StockFood: Seite 25 unten
Helga Buchter: Seite 9, 10, 16, 20, 22, 24 oben, 25 oben, 42, 52
CMA Zucker: Seite 26/27 (1 links), 30, 37 (1 rechts), 57
Hbrková A. / StockFood: Seite 61
Roland Krieg / StockFood: Seite 18, 21 (63 links), 31
Regina Kuhn, Stuttgart: Seite 29, 33, 47, 51
Ansgar Pudenz / StockFood: Seite 4/5 (U2 rechts)
Hans Reinhard, Heiligkreuzsteinach: Seite 12 (62 rechts)
Peter Rees / StockFood: Seite 11, 17 links, 17 rechts, 23, 43 (63 rechts)
Richter/ Viennaslide / StockFood: Seite 53
Fridhelm Volk, Stuttgart: Seite 7, 14, 15, 34, 35, 38, 39, 41, 44, 45, 48, 49, 54, 55, 58, 59, 64
Ingo Wandmacher: Seite 24 unten

## Impressum

**Bibliografische Information der Deutschen Bibliothek**
Die Deutsche Bibliothek verzeichnet diese Publikation in der Deutschen Nationalbibliografie; detaillierte bibliografische Daten sind im Internet über http://dnb.ddb.de abrufbar.

Wollgrasweg 41
70599 Stuttgart
Internet: www.ulmer.de
**Lektorat:** Anke Ruf
**Covergestaltung und Layout:** X-Design, München
**DTP:** juhu media, Susanne Dölz, Bad Vilbel
**Druck und Bindung:** Litotipografia-editrice Alcione, Trento
Printed in Italy
**Umschlagfoto:** © Gillé, Christine / www.stockfood.com

**ISBN 3-8001-4847-1**

## Literatur

▸ **Anthea; Kluge, Heidelore; Hart, Dr. H. H.:**
Das Buch der Hexenkräuter. VPM Verlagsunion Pabel Moewig, Rastatt 2002

▸ **Berger, Franz Severin; Holler, Christiane:**
Liköre und Ansatzschnäpse selbstgemacht. Südwest Verlag, München 2004

▸ **George, Herbert:**
Likörbereitung. Verlag Eugen Ulmer, Stuttgart 2004

▸ **Kellermann, Monika:**
Kräuter, Gewürze - Die kleine Schule. Verlag Zabert Sandmann, München 1999

▸ **Thönges, Heinrich:**
Fruchtsäfte, Weine, Essig und Liköre. Verlag Eugen Ulmer, Stuttgart 2002

## Haftung

# Kräuter und ihre Wirkung

| Kraut | Wirkung |
|---|---|
| ▸ Angelika (Engelwurz) | ▸ stärkt den Magen (sekretfördernd), regt den Appetit an und fördert die Verdauung; hat beruhigende Wirkung; hilft bei ersten Erkältungsanzeichen. |
| ▸ Arnika (Kraftwurz) | ▸ beugt der Verengung (Verkalkung) der Herzkranzgefäße (Arteriosklerose) vor; ist harn- und schweißtreibend; hemmt Entzündungen. |
| ▸ Anis (Runder Fenchel) | ▸ fördert die Verdauung und löst Schleim (gut bei Husten und Lungenverschleimung) und Krämpfe (Verstopfungen); wirkt beruhigend bei Nervosität und Schlafstörungen. |
| ▸ Baldrian (Katzenkraut) | ▸ hilft bei Schlafstörungen, Migräne und Depressionen; lindert Wechseljahresbeschwerden; wirkt bei Durchfällen und Darmkrämpfen. |
| ▸ Basilikum | ▸ regt den Appetit an und bringt die Verdauung besser in Gang; wirkt harn- und schweißtreibend sowie beruhigend. |
| ▸ Beifuß (Besenkraut) | ▸ hat fiebersenkende und krampflösende Wirkung; hilft bei Appetitlosigkeit und Verdauungsstörungen (fördert die Fettverdauung); regt den Gallenfluss an. |